De la beauté

Étude du Grand Hippias de Platon

De la beauté

Étude du Grand Hippias *de Platon*

Rodrigue Bergeron

Professeur de philosophie
Cégep de Trois-Rivières

François Lavergne

Professeur de philosophie
Collège Laflèche

ÉDITIONS DU RENOUVEAU PÉDAGOGIQUE INC.

5757, RUE CYPIHOT
SAINT-LAURENT (QUÉBEC)
H4S 1R3

TÉLÉPHONE : (514) 334-2690
TÉLÉCOPIEUR : (514) 334-4720
COURRIEL : erpidlm@erpi.com

Iconographie:
Chantal Bordeleau

Conception et réalisation de la couverture:
Alibi Acapella Conception Graphique

Conception graphique:
Alibi Acapella Conception Graphique et ▪ ⌐🄿🄸

Infographie:
Mardigrafe inc.

Source des photographies (pages VI et VIII) :
Édimédia/Publiphoto

© Éditions du Renouveau Pédagogique Inc., 2001.
Tous droits réservés

Dépôt légal : 2e trimestre 2001
Bibliothèque nationale du Québec
Bibliothèque nationale du Canada
Imprimé au Canada

ISBN 2-7613-1190-6

234567890 IG 09876543
20197 ABCD   OF10

Avant-propos

Ce livre est consacré à l'étude de la beauté. Vous y trouverez un texte classique qui interroge cette notion, le *Grand Hippias,* de Platon. N'y voyez pas un manuel sur l'art de bien paraître; il s'agit plutôt d'une méditation philosophique sur ce qu'elle peut être.

État de la question

Qu'est-ce que la beauté? À ce propos, nous possédons au moins un avis de nos grands-mères, qui répétaient souvent que «la beauté n'apporte pas à dîner!» Elles étaient sages, car s'il avait fallu sacrifier un bon cœur pour une belle face, la famine aurait eu tôt fait de tourmenter ces braves paysannes.

Admettons qu'il y a dans la beauté quelque chose de futile, de léger, de faux. «Belle de loin, mais loin d'être belle…», pensent parfois ces garçons déçus de la vanité des coquettes. Ou encore: «l'essentiel est invisible pour les yeux», citent certaines personnes pour qui une belle apparence n'est pas estimable.

Beauté du cœur, beauté du corps: il est rare de trouver les deux à la même adresse, comme si la possession de l'une dispensait de prétendre à l'autre! N'est-ce pas mieux ainsi? La beauté du cœur regorge de profondeurs, alors que la beauté du corps ne soutient que des masses éphémères… Les valeurs de l'intériorité sont plus fortes. Pourquoi maugréer contre ce visage, contre cette taille, contre ces défauts? L'important est de savoir estimer autre chose, qui existe forcément. Et tout le monde sait cela, quoi qu'on en dise.

Sauf que notre société, composée par tout ce monde, continue de nous imposer les canons esthétiques actuels. Force est d'admettre que ces canons nous bombardent inlassablement! Le succès continuel de la commercialisation de l'esthétique, pourtant saturé de produits douteux ou de régimes amaigrissants illogiques, indique qu'il existe une *volonté populaire* d'atteindre la beauté, à défaut de l'incarner. Modes, cosmétiques, chirurgie esthétique: tout cet art (si ce n'est cette science) du perfectionnement de l'apparence, pour ne satisfaire que ce besoin naturel de bien paraître… C'est un impératif visuel que chaque revue, journal, publicité ou émission nous rappelle. Mais pourquoi? Pour qui? Dans quel but? S'il est facile de répondre à ces questions un tant soit peu narcissiques (ou mercantiles), il est moins évident d'en saisir la cause. Notre idéal esthétique a-t-il influencé notre société? Est-ce l'inverse? Et pourquoi le simple contentement de soi est-il presque impossible à obtenir?

Est-ce la beauté elle-même qui nous attire et qui dirige impérialement le cœur des humains? Ou est-ce les humains qui s'imposent inutilement des artifices superficiels? (Les canons de la beauté ne changent-ils pas à chaque génération?) Mais que serait notre monde sinon? Dans une perspective théologique, même le mal, qui se donne tant de peine à déloger le bien, n'exprime sa pleine réalité que s'il est accompli avec grâce! Comme quoi la beauté fait l'orgueil de tous les anges…

Sommes-nous en présence d'une force universelle? Qu'est-ce que la beauté fait en ce bas monde? Quelqu'un nous le dira-t-il enfin?

Platon (v. 428-v. 347 av. J.-C.)

Socrate (470-399 av. J.-C.)

Socrate et Platon

Dans le *Grand Hippias*, on trouve un exemple de ce questionnement. Il s'agit d'un dialogue que le philosophe grec Platon (v. 428-v. 347 av. J.-C.) a écrit vers 390 av. J.-C. L'œuvre de ce philosophe comporte une trentaine de textes, de longueur inégale, tous écrits sous forme de dialogues. Dans chacun, on retrouve le même personnage: Socrate (470-399 av. J.-C.), que Platon admirait profondément. Le style de Socrate, sa pensée, ses questions, son ironie, sa sagesse, ont suscité chez Platon le désir insatiable de philosopher. Et, parmi les questions héritées du maître, il y a celle de la beauté. Ce propos n'est donc pas d'aujourd'hui. Mais que pouvaient-ils dire sur elle, que nous autres modernes avons cru dépasser? Avant d'examiner leur conception, disons un mot sur Socrate.

Élevé à l'école des sophistes, dont il sera question plus bas, Socrate aurait pu perpétuer leur style, avec un brio qui l'aurait certainement avantagé. Aimant la connaissance, il partit plutôt questionner une prêtresse à Delphes afin de connaître l'identité de l'homme le plus sage de toute la Grèce. Résolu à trouver cet homme, il voulait le fréquenter afin de tout savoir. Mais quelle surprise eut-il en apprenant que cet homme inestimable n'était autre que Socrate lui-même! Perplexe, il se mit en frais de prouver l'erreur de la Pythie (la prêtresse) en se mesurant aux personnes les plus réputées de son temps.

Conscient de sa sagesse mais curieusement persuadé du contraire, Socrate chercha sans relâche à trouver une preuve vivante qui viendrait contredire l'oracle afin de se soulager de l'honneur inconfortable que lui avait fait la prêtresse. Mais ce fut en vain : Socrate dut assumer les frais de son enquête, et ce dans tous les sens du terme. C'est ainsi qu'il passait son temps à questionner quiconque sur tel ou tel problème. Sauf que Socrate ne se contentait pas de simples échanges : il recherchait la vérité avec une insistance souvent insupportable. Il ridiculisait ceux que l'orgueil ou la fierté poussait vers lui. Socrate était intransigeant envers ceux qui vivaient dans la fausseté. Son comportement lui valut un procès, et la condamnation à mort. Ce n'était pourtant pas un voyou, ni un violent. Sauf que sa popularité dérangeait les puissants d'Athènes, comme elle avait humilié les plus nobles de la cité. On comprendra que la force intellectuelle de Socrate contrastait vivement avec les pensées communes de ces notables. Socrate les avait provoqués, et il dut subir les foudres de la justice athénienne. On le condamna pour des motifs douteux. Il mérita la peine capitale et, préférant boire la ciguë plutôt que de vivre un doux exil, il mourut empoisonné au fond d'un cachot, entouré de ses amis, et faisant promettre à l'un d'eux de rembourser les deux coqs qu'il devait à Asclépios… Qu'un homme si juste et moral ait pu être banni de la cité, d'une cité paradoxalement démocratique et évoluée, suffit à faire la preuve de l'incohérence sophistique. Socrate avait dénoncé un savoir facile, colporté par un groupe de formateurs ambitieux, qu'on appelait les sophistes, réputés justement pour servir des leçons d'un nouveau genre. Que cette simple remise en question de leur suffisance ait provoqué les membres du Conseil et du Tribunal a fourni à Platon un argument aristocratique : la cité ne peut être dirigée uniquement sur la base d'intérêts individuels ou populaires. Platon voudra réformer, par l'écriture et parfois par l'exemple, ce que le groupe des sophistes croyait si bien comprendre.

Parmi les sophistes, on compte un homme fier, érudit et intelligent : c'est Hippias, reconnu pour sa prodigieuse mémoire. Quand Socrate désire le questionner, tout bonnement, au sujet de la beauté, Hippias ne semble nullement embarrassé. Et c'est tant mieux pour le dialogue qui s'amorce, Socrate ayant l'art d'interroger autant que de trouver les bons interlocuteurs ! Avec cette nuance toutefois que si Socrate engage la discussion avec Hippias, c'est pour venir à bout de la honte qui le hante depuis qu'un personnage bourru l'a questionné au sujet de la beauté. Ayant alors répondu selon la science du temps, c'est-à-dire à la manière des sophistes, Socrate est vite devenu conscient de ses propres inconséquences, qu'Hippias à son tour commet avec grandiloquence. La correction patiente de tout ce savoir presque imbécile compose donc une discussion essentiellement négative qui se terminera quand les deux héros se congédieront mutuellement.

Et Platon dans cette querelle ? Certes, cette discussion entre Socrate et Hippias est antérieure à sa rencontre avec le maître de l'agora. Mais loin de retenir simplement les répliques rapportées par Socrate, Platon médite en lui-même la question essentielle de la beauté, au point d'en faire l'un des objectifs supérieurs de sa philosophie.

Le dialogue de Platon : le *Grand Hippias*

Selon la vision du monde grecque, le *cosmos* est imprégné d'une frappante réalité : la beauté est *naturelle,* elle est présente dans le monde, elle le modèle, le forme puissamment, élevant la matière vers l'esprit, comme les dieux savent le faire ou comme les sculpteurs et les architectes qui s'évertuent à matérialiser leurs visions. Le résultat suggère deux qualités : *ordre et beauté,* que dit si bien le terme *cosmos.* Quand on réfléchit sur cette qualité du monde, espère-t-on saisir quelque chose de concret ? Que faudrait-il comprendre au préalable pour savoir ce qu'est la beauté ? Platon avait fait graver au-dessus de son Académie cette devise originale : « Nul n'entre ici s'il n'est géomètre. » Pourquoi d'après vous ? La géométrie n'a pourtant rien de philosophique ! Que vient faire cette condition à première vue arbitraire ? La géométrie est certes l'étude des figures, et celles-ci suggèrent l'idée des proportions. En tant que recherche de la juste mesure, elle est une appréciation des *belles* formes. Le fronton de l'école platonicienne rappelle donc l'importance de cette dimension… Les pyramides d'Égypte, l'allée du Sphinx, le Parthénon de l'Acropole, les statues et ornementations : autant de merveilles, réalisées avec art et déduites d'une mesure idéale, géométrique, mathématique, que l'art architectural exprime magnifiquement. La *beauté* était une science que la philosophie tentait de posséder, jusqu'à ce que les marchands d'idées, appelés sophistes, en décident autrement. Ces gens ont fait de la beauté une simple question de goût ou d'opinions et, réceptifs aux penchants populaires, n'en disaient pas davantage.

**Aphrodite, déesse grecque
de l'amour et de la beauté**

Mais qu'est-ce que la beauté ? Peut-on seulement la comprendre ? Peut-elle exister indépendamment des exemples que nous en avons ? Pourquoi retrouve-t-on de la beauté dans le monde sensible ?

Question assez difficile. Rassurez-vous, même le grand Hippias n'a su satisfaire le perspicace Socrate ! Car saisir ce qu'est la beauté n'est pas si simple. Il suffit de dépasser un peu le sens commun pour vite retomber dans une ignorance qui côtoie la sottise. Hippias sera déçu des réactions de Socrate, lui-même indigné des réponses erronées du réputé sophiste. L'entretien sera donc fait de tensions et de distances, jusqu'à la rupture.

Devons-nous voir dans ce conflit l'impossibilité de comprendre philosophiquement la beauté ? Cela expliquerait pourquoi la sagesse populaire d'Hippias a triomphé jusqu'à nous. Car rien des objections de Socrate ne s'est perpétué, si ce n'est ces loufoques allusions à des marmites et des cuillères ! Rarement voit-on le héros de la pensée dédire lui-même ses propres réflexions ! Socrate aurait-il trop bu de ciguë ? En tout cas, il y a un risque que l'on interprète négativement les efforts de Socrate.

Ainsi, l'incapacité de définir la beauté n'est pas sans conséquence. Ce qui se joue, au fond, c'est le monde abstrait et idéalisé de Platon contre la beauté sensible… d'une femme! Un système contre un mystère. Opposition sûrement injuste envers la pensée!

Mais c'est ignorer le génie de Platon! Si la beauté refuse de monter *seule* au monde idéal, alors celui-ci descendra jusqu'à la beauté. Disons-le franchement: dans l'œuvre de Platon, le *Grand Hippias* n'est pas un dialogue comme les autres. Malgré l'aspect comique de l'entretien, les errances de Socrate et la fin décevante du dialogue, on y trouve un calcul génial. Car pourquoi se préoccuper de la Beauté, cette essence universelle, en des termes complices de la réalité sensible? Pourquoi Platon n'a pas fait de Socrate le héros de la discussion, Hippias se payant même le luxe de sermonner son vis-à-vis? Par exemple, c'est Hippias qui accuse Socrate de ne «s'occuper que de babioles…», ajoutant que, lui, il «sait voir les choses en leur ensemble…» Il faut admettre que le promoteur du monde idéal a laissé passer ici une belle occasion d'éradiquer les tentations sensibles. À moins de postuler que les Formes Pures sont en fait impossibles. Elles feraient nécessairement des deux mondes un mélange interdépendant. Hippias et Socrate apparaîtraient comme les figures maintenant confuses de ce rapprochement.

Cette relation entre le monde idéal et la réalité force ainsi une nouvelle attitude: le philosophe jusqu'alors contemplatif comprend sa méprise et décide de retourner savourer «les plaisirs de la vue et de l'ouïe». Cette reconsidération de la réalité ne contredit pas l'idée d'un monde intelligible. Les *Idées* influent sur le sensible à tel point que l'accès au monde idéal s'en trouve inversé. Plus besoin d'assombrir l'esprit par les choses concrètes en rêvant uniquement de choses abstraites. Par contre, le danger serait de s'en remettre à une interprétation surréaliste du monde. Quoi qu'il en soit, il est heureux que la beauté ne se réserve pas uniquement au monde idéal. Ce serait tomber dans un état de langueur. Que la lecture de ce dialogue puisse vous sensibiliser à la proximité de cette éclatante réalité: la *beauté* n'apprécie que le désir.

Chronologie de l'Antiquité grecque (de 800 à 322 av. J.-C.)
(Toutes les dates se situent avant l'ère chrétienne.)

ÉVÉNEMENTS CULTURELS	PHILOSOPHIE
– vers 800 : vie d'Homère (poète épique). – v. 725 : vie d'Hésiode (poète épique). – v. 712 : naiss. d'Archiloque (poète).	
– v. 648 : mort d'Archiloque.	– v. 640-v. 548 : vie de Thalès de Milet. – v. 615 : éclipse solaire prédite par Thalès. – v. 610-v. 547 : vie d'Anaximandre de Milet.
– 575 : naiss. d'Eschyle (poète). – 518 : naiss. de Pindare (poète lyrique).	– v. 576 : naiss. d'Héraclite d'Éphèse. – v. 550 : naiss. d'Anaximène de Milet. – v. 515 : naiss. de Parménide d'Élée.
– v. 496-494 : naiss. de Sophocle (poète tragique). – v. 490 : naiss. de Phidias (sculpteur). – 480 : naiss. d'Euripide (poète tragique). – v. 484 : naiss. d'Hérodote (historien). – 472 : Les *Perses* d'Eschyle (poème). – 469-405 : les tragédies de Sophocle. – 460 : naiss. d'Hippocrate (médecin). – 458 : l'*Orestie* d'Eschyle. – 456 : mort d'Eschyle.	– v. 500 : naiss. d'Anaxagore de Clazomènes. – v. 490 : naiss. de Protagoras à Abdère. – v. 485-480 : naiss. de Gorgias à Léontium. – v. 480 : mort d'Anaximène et d'Héraclite. – v. 470 : naiss. de Socrate en Attique. – 460 : naiss. de Démocrite à Abdère.
– 447-438 : construction du Parthénon sous Périclès. – 446 : mort du poète Pindare. – 445 : naiss. d'Aristophane (poète comique). – v. 442 : construction des métopes du Parthénon. – 440 : *Antigone* de Sophocle. – v. 438 : inauguration de l'*Athéna Parthénos* de Phidias. – 433 : Phidias condamné pour détournement d'ivoire. – v. 432 : parachèvement du Parthénon. – 430 : *Œdipe-Roi* de Sophocle.	– v. 450 : mort de Parménide. – 450 : Anaxagore, *La Nature*. – v. 443 (?) : **naiss. présumée d'Hippias.** – v. 438-434 : Socrate suit des cours d'Anaxagore. – v. 429-428 : naiss. de Platon (fondateur du courant idéaliste en philosophie).
– 425 : mort d'Hérodote. – 425-422 : *Les Acharniens, Les Chevaliers, Les Nuées* et *Les Guêpes* d'Aristophane. – 422 : statue chryséléphantine de Polyclète à Argos. – v. 406 : mort d'Euripide. – 405 : mort de Sophocle.	– 427 : mort d'Anaxagore. – 427 : naiss. de Xénophon (historien). – 423 : mariage de Socrate avec Xanthippe. – v. 420 : Démocrite inaugure un cours. – v. 420 (?) : voyage d'Hippias en Sicile. – 421-416 : **entretien présumé de Socrate et d'Hippias.** – 407 : Platon rencontre Socrate. – 404 : Socrate s'oppose au conseil des Trente. Critias (460-403) en est le principal représentant.
– 392 : naiss. de Praxitèle (sculpteur). – 386 : mort d'Aristophane. – 384 : naiss. de Démosthène (orateur). – 370 : mort d'Hippocrate en Thessalie. – v. 363 : premiers discours de Démosthène.	– 399 : procès et mort de Socrate. Platon réfugié à Mégare. Rédaction des premiers dialogues. Après 394, voyage de Platon en Égypte et à Tarente. – v. 391 : **rédaction du *Grand Hippias*.** – v. 390 : *Apologie, Gorgias, Ménon* – v. 388 : *Le Charmide*. – v. 388-387 : premier voyage de Platon en Sicile (Syracuse). Fondation de l'Académie. – 384 : naiss. d'Aristote. – 380 (?) : mort de Gorgias. *Le Banquet, Phédon, Phèdre, La République*. Deuxième voyage de Platon à Syracuse. – 361 : troisième voyage de Platon à Syracuse.
– 322 : mort d'Aristote et de Démosthène.	– 347 ou 346 (?) : mort de Platon. – 343 (?) : **mort d'Hippias.**

ÉVÉNEMENTS HISTORIQUES

- v. 750 : début de la colonisation grecque.

- v. 640 : naiss. de Solon (homme d'État).

- 594-593 : archontat de Solon.
- 561 : mort de Solon.
- 508 : réformes de Clisthène (fondateur
  de la démocratie grecque).

- 496 : prise de Milet par les Perses.
  Première guerre médique.
- 495 : naiss. de Périclès (homme d'État).
- 490 : bataille de Marathon.
- 480 : batailles de Thermopyles et de Salamine.
- 470 : instauration de la Ligue de Délos.
- 460 : paix de Clinias.

- 449-431 : principat de Périclès.
- 448 : paix de Callias. Fin des guerres médiques.

- 431 : début des guerres du Péloponnèse.
- 429 : peste à Athènes. Mort de Périclès.
- 421 : paix de Nicias.

- v. 415-413 : expédition de Sicile. Trahison d'Alcibiade.
- 414 : défaite de Délion. Socrate se distingue.

- 411 : pouvoir des Quatre Cents, puis des Cinq Mille.

- 404 : fin de la guerre du Péloponnèse.

- 395 : siège de Corinthe.
- 394 : bataille de Corinthe.

- 362 : bataille de Mantinée.
- 359 : Philippe II, roi de Macédoine.
- 354 : Assassinat de Dion.

Table des matières

Le *Grand Hippias*[1]

dialogue de Platon[2]

PROLOGUE

3 SOCRATE. Bonjour cher Hippias[3]. Il y a longtemps que je ne t'ai vu à Athènes!

HIPPIAS. En effet, cher Socrate. C'est parce que la cité de Élis[4] a besoin de mes qualités d'ambassadeur pour ses relations avec les autres États. On m'a dépêché très 6 souvent à Sparte, et c'est pourquoi je ne suis pas souvent ici.

SOCRATE. Pour tenir ce rôle important, tu es l'homme tout désigné. D'autant que le prix que tu exiges pour tes services n'est rien en regard de tout ce qu'on peut 9 en rapporter. Cela vaut pour les hommes comme pour les États. Mais dis-moi: qu'est-ce qui pousse un homme accompli comme toi à se mêler d'affaires publiques? N'est-ce pas étrange que presque tous les sages comme Pittacos[5], Bias, Thalès de 12 Milet[6] et beaucoup d'autres jusqu'à Anaxagore[7] se soient abstenus de cela?

HIPPIAS. C'est parce qu'ils étaient incapables, cher Socrate, de se mêler à la fois de choses publiques et de choses privées.

15 SOCRATE. Par Zeus! Il faudrait croire que votre science à vous autres sophistes ait évolué à tel point que les Anciens paraissent simples auprès de vous?

HIPPIAS. C'est comme tu le dis, Socrate.

18 SOCRATE. Quoi! Si Bias revenait à la vie, il ferait rire de lui? Tout comme on pourrait se moquer aujourd'hui des sculptures qui ont rendu célèbre un certain Dédale[8]?

21 HIPPIAS. C'est cela. Sauf que je prends soin de les louer plus volontiers que nos contemporains afin de prévenir la jalousie des vivants ou le ressentiment des morts.

---

1. Traduction complètement nouvelle du dialogue. Par souci de clarté, le traducteur a pris la liberté d'adapter le texte en certains endroits. Le sens du propos n'en est pas altéré. Il s'est toujours agi de préserver le caractère vivant du dialogue. Une traduction trop littérale n'aurait permis qu'une équivalence de vocabulaire, non une correspondance d'esprit.
2. Cet entretien entre Socrate et Hippias aurait eu lieu entre 421 et 416 av. J.-C. Le dialogue aurait été écrit par Platon vers 390 av. J.-C.
3. Hippias était professeur itinérant, orateur et ambassadeur. Il pouvait discuter sur des sujets aussi variés que les mathématiques, l'astronomie, l'histoire et la morale. Il demandait beaucoup d'argent pour se faire entendre, ce qui en faisait un sophiste aux yeux de Platon. Un sophiste cher et aux intérêts versatiles, voilà suffisamment de défauts pour alarmer Platon.
4. Située au nord-ouest du Péloponnèse. Élis était l'alliée de Sparte.
5. Pittacos: il exerçait la fonction de législateur à Mitylène.
6. Bias et Thalès comptaient parmi les Sept Sages.
7. Anaxagore de Clazomènes, un philosophe qui intéressait beaucoup Socrate. Anaxagore enseignait que l'esprit *(noüs)* était à l'origine du cosmos.
8. Dédale est un héros grec, célèbre pour son habileté manuelle, ses inventions et ses sculptures.

SOCRATE. C'est bien pensé, Hippias. D'ailleurs, il semble que votre art de concilier
24 les affaires publiques avec les intérêts particuliers s'est vraiment perfectionné. Je me
souviens de Gorgias[9], qui a su faire fortune en se faisant valoir autant à l'Assemblée
du peuple qu'auprès des jeunes gens, désireux d'avoir de ses leçons. Ou encore Prodicos[10],
27 lui aussi devenu très riche grâce à son éloquence devant le Conseil des Cinq-Cents[11]
et à ses savants entretiens avec notre jeunesse. Les sages d'autrefois n'ont pas pensé à
faire fortune tant ils étaient naïfs! Il a fallu attendre Protagoras[12] pour avoir cette idée.

30 HIPPIAS. Prends garde, ô Socrate, de prendre ces exploits comme indépassables. J'ai
moi-même gagné plus que le double de ces excellents sophistes.

SOCRATE. Cela prouve ta supériorité, autant sur les hommes de notre époque qu'à
33 l'égard des Anciens. Il faut bien avouer leur ignorance: Anaxagore lui-même, ayant
hérité de ses parents, négligea sa fortune et laissa périr ses biens, tant il a manqué
de prudence. Cela est arrivé aussi à d'autres sages. Ce que tu affirmes établit donc
36 la supériorité de votre science sur celle de vos prédécesseurs, et il est clair que celui
qui possède votre sagesse est dans la capacité de faire fortune. Mais dis-moi: de
partout où tu as rapporté quelque somme, nul endroit n'a dû être plus profitable
39 que Lacédémone[13], sachant que tu t'y trouvais souvent?

HIPPIAS. Au contraire, Socrate.

SOCRATE. Mais quoi! Est-ce de cette ville que tu aurais tiré le moins d'argent?

42 HIPPIAS. Pas même une obole.

SOCRATE. C'est étrange, Hippias. Pourtant, ta sagesse a la vertu de rendre meilleur
quiconque te fréquente!

45 HIPPIAS. C'est indéniable, Socrate.

SOCRATE. Mais alors, pourquoi ces résultats médiocres avec les fils de Sparte?
Seraient-ils moins désireux d'apprendre que les Siciliens[14]?

48 HIPPIAS. Au contraire, Socrate. Ils n'ont rien de plus à cœur.

SOCRATE. C'est qu'ils ont peut-être moins d'argent?

HIPPIAS. Ce n'est pas ce qu'il faut estimer.

51 SOCRATE. Pourquoi donc n'amasses-tu point de trésors en cette ville, s'ils ne manquent ni de désir ni d'argent? Seraient-ils plus doués que toi pour éduquer leurs
enfants? Est-ce là la raison?

---

9. Gorgias était maître de rhétorique. Il fut un certain temps maître de Socrate!
10. Ce sophiste soutenait que la synonymie était impossible, les mots ayant chacun un sens particulier.
11. Le Conseil était une institution politique importante dans la démocratie athénienne. Il ne faut pas penser qu'il y avait cinq
cents conseillers aux assemblées, mais plutôt cinquante, qu'on appelait les *prytanes*. Ceux-ci dirigeaient le Conseil pendant
un dixième de l'année, laissant ensuite la place à d'autres. Après un an, *cinq cents* prytanes avaient ainsi dirigé le Conseil.
12. Sans doute le plus célèbre des sophistes. Il a professé que «l'homme est la mesure de toutes choses.»
13. Lacédémone était aussi nommée Sparte.
14. Les Siciliens étaient célèbres pour leur mollesse, les Spartiates pour leur austérité.

HIPPIAS. Aucunement.

SOCRATE. C'est que tu n'as pas su convaincre et les fils et les pères[15] de tes talents d'éducateur. Je ne peux croire qu'ils ont, par jalousie, refusé de te les confier.

HIPPIAS. En effet, Socrate.

SOCRATE. Pourtant, Sparte est une ville aux grandes qualités.

HIPPIAS. Assurément.

SOCRATE. On devrait donc y admirer la vertu?

HIPPIAS. Cela s'impose.

SOCRATE. Et tu es bien capable de l'enseigner Hippias?

HIPPIAS. Comme pas un, cher Socrate.

SOCRATE. Alors dis-moi: si un homme savait mieux que quiconque nous apprendre à monter à cheval, il serait apprécié évidemment là où cet art est mis à l'honneur?

HIPPIAS. C'est vraisemblable.

SOCRATE. Et je dois croire qu'un maître capable d'enseigner les vertus ne peut se faire valoir à Sparte, mais qu'il a plutôt intérêt à se rendre en Sicile pour y faire valoir son talent?

HIPPIAS. La vérité c'est que les Spartiates ne dérogent jamais de leur coutume, c'est là-bas une tradition ancestrale.

SOCRATE. Qu'est-ce que cela signifie? Ils préfèrent conserver une tradition qui les maintient dans l'erreur?

HIPPIAS. Je ne voudrais pas le dire, Socrate.

SOCRATE. Sauf qu'entre une bonne ou une moins bonne éducation, la question ne se pose pas.

HIPPIAS. J'en conviens. Sauf que leur loi les empêche de considérer de nouvelles méthodes d'éducation. Ils aiment m'entendre et m'applaudissent, mais à cause de cette loi, je ne peux rien retirer de mes efforts.

SOCRATE. Pourtant, la loi ne doit pas causer du tort, mais plutôt du bien à la Cité, c'est en cela qu'elle est utile, n'est-ce-pas?

HIPPIAS. Oui, et tant que les lois sont bien faites, elles sont utiles.

SOCRATE. Un législateur doit se soucier du bien de la Cité, sinon il me semble que l'ordre public devient impossible.

HIPPIAS. Tu dis vrai.

---

15. Les femmes n'étaient pas souvent consultées à cette époque.

SOCRATE. Si donc l'on échoue à faire des lois justes, ne manque-t-on pas alors le
87 but essentiel des lois?

HIPPIAS. Tout à fait, Socrate. Jusqu'à ce que d'autres l'entendent autrement.

SOCRATE. Mais de qui parles-tu, Hippias? S'agit-il de personnes savantes ou non?

90 HIPPIAS. De personnes vulgaires.

SOCRATE. Connaissent-ils la vérité, ces hommes vulgaires?

HIPPIAS. Bien sûr que non.

93 SOCRATE. Mais ces gens ne peuvent ignorer qu'une loi n'est pas utile si elle ne fait
pas le bien de tous les hommes. Ils doivent s'entendre là-dessus?

HIPPIAS. Oui, ils connaissent cette vérité.

96 SOCRATE. Les sages aussi doivent voir les choses de cette manière?

HIPPIAS. Assurément.

SOCRATE. Je ne vois pas pourquoi dès lors on s'empêche à Sparte d'adopter tes
99 manières d'éducation. Cela serait plus utile pour eux que leur méthode tradition-
nelle?

HIPPIAS. J'en suis convaincu.

102 SOCRATE. On est d'accord pour dire que ce qui est plus utile est aussi plus légi-
time?

HIPPIAS. Ça va de soi.

105 SOCRATE. Ainsi, on aurait profit à Sparte d'être éduqué par Hippias, plutôt que de
confier cette tâche aux parents, s'il est vrai que tes méthodes sont plus avantageuses.

HIPPIAS. Elles le sont, cher Socrate.

108 SOCRATE. Mais alors! Les Spartiates ne sont pas justes en te refusant leurs enfants.

HIPPIAS. Puisque tu n'es pas contre moi, je ne peux te contredire.

SOCRATE. Il nous apparaît que les Spartiates manquent de jugement, et sur une
111 matière très importante, eux pourtant réputés pour leur droiture. Mais tu dis Hippias
qu'ils t'applaudissent avec plaisir? Ce doit être quand tu leur parles des phénomènes
célestes?

114 HIPPIAS. Oh non! Ce savoir ne les intéresse pas.

SOCRATE. C'est peut-être sur la géométrie qu'ils aiment t'entendre?

HIPPIAS. Pas mieux. La plupart ne savent pas même compter!

117 SOCRATE. D'après tes propos, il faut aussi que j'écarte l'art du calcul.

HIPPIAS. C'est comme cela.

SOCRATE. Rejettent-ils aussi tes subtiles distinctions sur l'écriture?

120 HIPPIAS. Absolument.

SOCRATE. Mais dis-moi: sur quoi t'applaudissent-ils? Je ne peux le deviner.

HIPPIAS. Lorsque je leur parle de l'origine des héros et des hommes, de la fonda-
123 tion des cités, et d'événements qui furent; c'est alors qu'ils m'écoutent avec le plus grand plaisir, de sorte que j'ai dû, à cause d'eux, étudier et travailler tout cela avec soin.

126 SOCRATE. Tant que tu n'as pas à nommer de suite tous nos archontes[16] depuis Solon, ta peine paraît moins lourde.

HIPPIAS. Mais non! Sache qu'il me suffit d'entendre une fois cinquante noms pour
129 être capable de les répéter!

SOCRATE. J'oubliais ta célèbre mémoire! Et maintenant je comprends pourquoi les Spartiates aiment t'entendre: tu sais tant de choses qu'ils te chérissent comme une
132 grand-mère, grâce à tes histoires!

HIPPIAS. Et c'est tant mieux, cher Socrate! Au fait, je leur ai tenu un discours der-
nièrement sur les exercices qu'un jeune homme devrait pratiquer pour devenir célèbre.
135 Je leur dis cela à travers une histoire que j'ai imaginée entre Nestor et Néoptolème[17], après la prise de Troie. Néoptolème veut se rendre illustre et Nestor lui répond en lui enseignant à faire ce qui est tout à fait beau. Ils m'ont porté en triomphe. Cela
138 m'encourage à redire les mêmes choses bientôt à l'école de Phidostrate, d'après une requête d'Eudicos[18]. Je compte sur ta présence et sur celle de quiconque capable d'apprécier les beaux discours.

141 SOCRATE. Cela sera, s'il plaît aux dieux, Hippias. Mais tu viens de me rappeler une petite question que j'ai à te faire. Récemment, dans un entretien où je parlais de la laideur ou de la beauté de certaines choses, mon interlocuteur m'a jeté dans un grand
144 embarras en me demandant: «Cher Socrate, comment fais-tu pour distinguer les belles choses des moins belles? Tu dois savoir ce qu'est la beauté?» Eh! bien, je restai interdit, sans savoir quoi lui répondre. C'est ainsi qu'après cet entretien, fâché
147 contre moi-même et contre mon ignorance, je me suis juré de m'instruire auprès de gens comme toi, et qu'une fois exercé, j'irai retrouver cet homme pour débattre à nouveau. Vraiment, tu tombes à pic. Enseigne-moi, je t'en prie, ce qu'est la beauté,
150 essaie de me répondre avec la plus grande précision, de peur que cet homme ne

---

16. Magistrat qui gouvernait une cité grecque.
17. Néoptolème était le fils d'Achille. Nestor était un homme vénérable, habile conseiller et stratège du chef Agamemnon. Hippias fait un bon choix en imaginant ainsi une rencontre entre l'intrépidité de la jeunesse et la valeur de l'expérience. La guerre de Troie fut sans contredit l'événement marquant de l'Antiquité grecque. Les sophistes aimaient composer des histoires à partir des héros de cette guerre. On ne saurait trop conseiller la lecture de l'*Iliade* d'Homère.
18. Qui était l'hôte d'Hippias à Athènes.

m'embarrasse encore, me couvrant de ridicule. Car tu dois savoir, j'en suis convaincu! Même que ce problème doit n'être qu'un détail parmi toutes tes connaissances!

153 HIPPIAS. Oui, Socrate. C'est un problème insignifiant en vérité.

SOCRATE. Tant mieux. Je l'apprendrai facilement et cet homme ne pourra plus rire de moi.

156 HIPPIAS. Plus jamais, pauvre ami. Sinon, je serai bien misérable et mon savoir tout autant.

SOCRATE. C'est fantastique, Hippias, s'il est vrai que je pourrai venir à bout de cet
159 adversaire. M'en voudras-tu si je joue son personnage, si je réplique à tes réponses ou si je prends la contrepartie de tes arguments? J'ai l'habitude de faire des objections et c'est comme cela que j'apprends le mieux.

162 HIPPIAS. Fais comme tu veux. De toute manière, cette question n'a pas d'importance, et même que je pourrais te former pour des problèmes beaucoup plus difficiles, de façon qu'aucun homme ne puisse te contredire!

165 SOCRATE. Tu es charmant, Hippias! Je vais donc me mettre à sa place et te poser des questions. Imagine qu'après avoir récité ce discours sur les belles occupations[19], j'en arrive à t'interroger sur la beauté elle-même, en disant: «Étranger d'Élis, est-ce
168 la justice qui fait que les justes sont justes?» Réponds-moi, Hippias, sachant que je parle au nom de cet homme.

HIPPIAS. Je répondrais que c'est grâce à la justice.

171 SOCRATE. La justice est-elle quelque chose?

HIPPIAS. Forcément.

SOCRATE. Et si les sages sont sages, c'est grâce à la sagesse; tout comme c'est en
174 vertu du bien que tout ce qui est bien est bien?

HIPPIAS. Peut-il en être autrement?

SOCRATE. La sagesse et le bien ne seraient pas réels? On ne pourrait rien en dire alors.

177 HIPPIAS. Cela doit être.

SOCRATE. Et toutes les belles choses doivent aussi être belles par l'effet de la beauté[20]?

HIPPIAS. Oui, par la beauté.

180 SOCRATE. Qui se trouve être quelque chose?

HIPPIAS. Qui existe. Pourquoi pas?

---

19. Il s'agit du discours qu'Hippias compte faire prochainement à l'école de Phidostrate. La profession de sophiste exigeait entre autres de prononcer plusieurs conférences.

20. Le lecteur doit remarquer la force philosophique de ce passage. Socrate cherche à faire reconnaître à Hippias l'existence des universaux. Ce passage souligne bien l'*idéalisme* de Platon.

SOCRATE. Alors cet homme te répliquera: «Ô étranger, dis-nous: qu'est-ce que la
183 beauté?»

HIPPIAS. Cet homme voudra savoir, cher Socrate, qu'est-ce qui est beau?

SOCRATE. Pas tout à fait, cher Hippias, mais ce qu'est le beau?

186 HIPPIAS. Y a-t-il une différence?

SOCRATE. Tu n'en vois pas?

HIPPIAS. Non, je n'en vois pas.

189 SOCRATE. Enfin, il est clair que tu en sais plus que moi. Toutefois, je réitère sa
question: il veut savoir non ce qui est beau mais ce qu'est le beau.

192 ## PREMIÈRE DÉFINITION

HIPPIAS. Mon cher ami, je comprends: je vais lui dire ce qu'est la beauté et il
195 n'aura rien à redire. Pour parler en toute franchise, cher Socrate, et puisqu'il faut
te l'apprendre, la beauté, c'est une belle femme.

SOCRATE. Par le chien, Hippias, voilà une magnifique réponse! C'est donc cela qu'il
198 faut dire, sans craindre d'être réfuté?

HIPPIAS. C'est tellement évident, cher Socrate, que tous ceux qui t'écouteront diront
que tu parles juste.

201 SOCRATE. Admettons. Sauf qu'il va sûrement me poser la question suivante: «Dis-
moi, Socrate; tout ce qui est beau doit être beau en vertu de la beauté?» Et je lui
répondrai que si nous savons ce qu'est la beauté, c'est parce que nous connaissons
204 la femme[21].

HIPPIAS. Comment oserait-on aller contre ce que tu dis, sans risquer de se couvrir
de ridicule!

207 SOCRATE. Peut-être bien, et c'est à voir. Car je suis convaincu qu'il osera. Je devine
même ce qu'il pourrait dire.

HIPPIAS. Parle donc.

210 SOCRATE. Il me dira: «C'est délicieux, ô Socrate! Mais réponds: une jument
peut-elle aussi être belle, d'après ce qu'en pense le dieu Apollon[22] dans un de ses
oracles?» Que dire Hippias? Faut-il admettre la beauté d'une belle jument? Cette
213 beauté-là ne serait pas la beauté?

---

21. Hippias considère que la beauté en soi est «dans» la nature concrète des choses. Socrate va tourner en ridicule cette
conception en forçant Hippias à reconnaître que la beauté se voit aussi en des êtres bien moins attirants que les femmes:
même les juments ou les marmites peuvent rivaliser à ce titre!
22. Le dieu Apollon lui-même était renommé pour sa beauté.

HIPPIAS. C'est vrai, Socrate. Et le dieu sait ce qu'il dit. Sais-tu que je viens d'une région[23] où l'on élève les plus belles juments?

216 SOCRATE. Tant mieux, dira-t-il. Et il nous demandera: «Une belle lyre a-t-elle de la beauté?» L'admettons-nous, cher Hippias?

HIPPIAS. Oui.

219 SOCRATE. Je connais assez cet homme pour savoir qu'il poursuivra ces questions. Il me dira: «Mon cher ami, reconnaissez-vous aussi la beauté dans une belle marmite?»

222 HIPPIAS. Mais quel genre d'homme avons-nous là? Il faut être mal éduqué pour dire des vulgarités pareilles, dans un discours sur la beauté!

SOCRATE. Il est comme cela, Hippias. C'est un malappris, sauf qu'il cherche la 225 vérité, et nous devons lui répondre. Permets que je parle en premier: si nous avons une marmite[24] faite par un bon potier, toute unie, ronde et solide, comme celles à deux anses et qui sont si grosses; s'il s'agit d'une marmite de ce genre, il faut avouer 228 qu'elle est belle! Comment lui dire qu'une belle chose n'est pas belle?

HIPPIAS. C'est impossible, Socrate.

SOCRATE. «Une marmite peut aussi être belle», nous dira-t-il.

231 HIPPIAS. Mais oui, Socrate, comme tout ce qui est bien fait. Quoi que cette beauté n'ait rien de comparable avec une belle jument ou une belle femme.

SOCRATE. Si je comprends bien, cher Hippias, je pourrais répondre à ses questions 234 en lui disant: «Tu devrais connaître, cher ami, la parole d'Héraclite[25] qui disait que le plus beau des singes est laid à côté des hommes... Tout comme une belle marmite n'est rien auprès d'une belle femme; comme le pense Hippias le sage.» Est-ce une 237 bonne réponse, Hippias?

HIPPIAS. C'est parfait, Socrate.

SOCRATE. Mais je suis sûr qu'il répliquera: «Mais, Socrate! si on comparait main-240 tenant les plus belles femmes avec les déesses? Se pourrait-il que cette comparaison soit du même genre que nos marmites vis-à-vis de jolies filles? Les femmes seraient-elles encore les plus belles? De plus, tu invoques Héraclite sans voir que le plus sage 243 des hommes est, comparé aux dieux, comme un singe: pour son savoir, sa beauté et tout le reste.» Nous faut-il avouer, Hippias, qu'une belle femme n'est rien, comparée aux déesses?

246 HIPPIAS. Qui voudrait contredire cela, Socrate?

---

23. L'Élide était renommée en Grèce pour l'élevage des chevaux.
24. La fabrication des marmites et des potiches était une spécialité d'Athènes et un des éléments essentiels de son exportation.
25. Héraclite d'Éphèse, né vers 540 av. J.-C.

SOCRATE. Mais si nous l'admettons, il se mettra à rire et me dira: «Ô Socrate, te souviens-tu de ma question?» Je lui dirai: «Oui, tu veux savoir ce qu'est la
249 beauté!» — «Et à cette question, répondra-t-il, tu me donnes une beauté qui n'est pas plus belle que laide, comme tu le dis toi-même!» Alors là, Hippias, je serai dans l'embarras. Que me conseilles-tu de répondre?

252 HIPPIAS. Réponds comme tu l'as dit: que la famille humaine n'est pas belle en comparaison de celle des dieux.

SOCRATE. Certes, mais il me dira: «Si je t'avais demandé avant tout ce qui est
255 beau et laid à la fois, ta réponse aurait été juste. Mais la beauté elle-même, qui embellit les formes, crois-tu encore que ce soit une femme, une jument ou une lyre?»

258
<u>DEUXIÈME DÉFINITION</u>

261 HIPPIAS. Tout bien pensé, Socrate, rien n'est plus facile à dire. Il veut savoir ce que c'est que cette beauté qui embellit toutes choses, et il faut être un imbécile pour méconnaître cette évidence: tu n'as qu'à lui répondre que cette beauté qui embellit
264 n'est autre que l'or[26]. Avec cette réponse, il n'osera pas répliquer, puisque partout où l'or se trouve ce qui était laid auparavant devient beau.

SOCRATE. Tu ne le connais pas, cher Hippias; il est tellement difficile à convaincre!

267 HIPPIAS. Qu'est-ce que cela peut faire, Socrate? Avec un discours aussi ordonné, l'entêtement le couvrirait de ridicule.

SOCRATE. Certes, mais cette réponse ne fera pas son affaire. Il s'en moquera et me
270 dira: «Es-tu fou? Il faudrait penser maintenant que Phidias[27] était un mauvais sculpteur!» À cela évidemment je dirai: «Mais non, pas du tout.»

HIPPIAS. Et tu auras raison.

273 SOCRATE. Justement, mais lorsque j'aurai reconnu que Phidias fut un habile sculpteur, il poursuivra: «Penses-tu que Phidias ignorait la beauté dont tu parles?» Je lui demanderai alors pourquoi. «C'est parce qu'il n'a pas fait d'or les yeux de son
276 Athéna[28], ni son visage, ni ses pieds, ni ses mains, comme il aurait dû le faire s'il avait su que l'or embellit les choses. Cela prouve que Phidias était dans l'ignorance.» Que pourrons-nous lui répondre, Hippias?

279 HIPPIAS. Ce n'est pas difficile. Nous lui dirons que Phidias a bien fait: l'ivoire donne aussi de la beauté.

---

26. Hippias continue d'ignorer que l'objet de la recherche porte sur le caractère ou la nature de la beauté.
27. Phidias était un sculpteur athénien, né aux environs de 490 avant notre ère. Il fut le «surintendant des beaux-arts» sous le règne de Périclès. C'est lui qui a exécuté la statue d'Athéna Promachos, tout en bronze et haute de 9 m.
28. Il s'agit de la célèbre statue chryséléphantine qui était dans le Parthénon, et non de la «promachos», qui, elle, se trouvait en dehors du temple.

SOCRATE. «Pourquoi, répliquera-t-il, n'a-t-il pas fait le milieu des yeux en marbre, d'un marbre aussi près que possible de l'ivoire? La pierre n'a-t-elle pas non plus sa beauté?» Devrons-nous l'admettre?

HIPPIAS. Oui, quand cela convient.

SOCRATE. Et quand ça ne convient pas, alors c'est laid?

HIPPIAS. C'est laid quand c'est dépareillé.

SOCRATE. «Bien!», me dira-t-il. «Comme vous êtes intelligent! Alors dites-moi: c'est lorsque l'ivoire et l'or sont utilisés comme il faut que la chose devient belle, sinon elle paraît laide?» Faut-il renier cette suggestion ou reconnaître que cela est juste?

TROISIÈME DÉFINITION

HIPPIAS. C'est juste et nous dirons que lorsque tout est convenable, alors une chose est belle.

SOCRATE. «Et quand on fait bouillir, dira-t-il, une bonne soupe dans la belle marmite de tout-à-l'heure, nous faudra-t-il prendre une cuillère en or ou une cuillère en bois de figuier?»

HIPPIAS. Par Héraclès!, Socrate, quelle espèce d'homme avons-nous là? Pourrais-je savoir qui c'est?

SOCRATE. Son nom ne t'en dira pas davantage.

HIPPIAS. Je vois d'ici que c'est un ignorant.

SOCRATE. Quelqu'un de détestable, Hippias! Mais il faut lui répondre, et d'après toi laquelle des cuillères convient le mieux à la soupe et à notre marmite? N'est-il pas évident que c'est celle de figuier? Car elle donne un meilleur goût à la soupe; de plus, il n'est pas à craindre qu'elle casse la marmite, que la soupe se répande, que le feu s'éteigne, et que les invités soient privés de nourriture pour le banquet. La cuillère d'or nous expose à ces incidents, d'où ma préférence pour la cuillère de figuier, parce qu'elle convient mieux que celle en or, à moins que tu ne penses le contraire?

HIPPIAS. En effet, elle convient mieux, cher Socrate. Mais je t'avoue que je ne parlerais pas avec un homme qui demande des choses pareilles.

SOCRATE. Tu as raison, mon cher ami. Tu ne dois pas entendre des termes aussi bas, richement vêtu comme tu es, chaussé élégamment et renommé dans tout le pays des Hellènes pour ta sagesse! Quant à moi, je ne risque rien à converser avec lui. Cependant, il faut que tu m'apprennes avant que je ne le revoie, je te jure que c'est dans mon intérêt. Il me dira: «Si la cuillère de bois convient mieux que la

318 cuillère d'or, elle est donc la plus belle, puisque tu as convenu, Socrate, que ce qui convient est plus beau que ce qui ne convient pas. » Alors, Hippias, comment ferons-nous pour le contredire ?

321 HIPPIAS. Veux-tu enfin savoir, Socrate, ce qui est vraiment beau afin que tu sois délivré de cet homme aux propos vulgaires ?

SOCRATE. De tout mon cœur, mais il faut que tu me dises auparavant laquelle des
324 deux cuillères nous paraît la plus convenable et la plus belle.

HIPPIAS. Tu peux toujours lui répondre que c'est la cuillère en bois de figuier.

SOCRATE. Maintenant, dis-moi ce que tu voulais me faire savoir. Parce que si nous
327 soutenons que la beauté c'est l'or, il est facile de nous rétorquer que l'or n'est pas plus beau qu'un morceau de bois de figuier. Alors, qu'est-ce que la beauté ?

HIPPIAS. Je vais te le dire. Tu cherches une beauté que personne en tout lieu et à
330 jamais ne soit en mesure de rejeter.

SOCRATE. C'est cela, ô Hippias. C'est exactement ce que je veux entendre.

HIPPIAS. Écoute-moi donc. Et si quelqu'un venait à te faire quelque objection, alors
333 ne me considère plus comme un maître.

SOCRATE. Parle vite, au nom des dieux !

336
QUATRIÈME DÉFINITION

HIPPIAS. Pour tout homme et en tout temps, je dis que ce qui est beau c'est d'être
339 riche, fort et respecté de tous les Hellènes, de pouvoir atteindre la vieillesse non sans avoir fait à ses parents morts de belles funérailles, et enfin de quitter ce monde en recevant de ses propres enfants de beaux et grands honneurs.

342 SOCRATE. Oh, oh, Hippias ! Quelle réponse admirable, sublime et digne de toi ! Sache, par Héra[29], que j'apprécie ta bonté et ton secours. Sauf que notre homme ne sera pas convaincu ; au contraire, il se moquera de nous plus que jamais.

345 HIPPIAS. Cela prouvera son impertinence, cher Socrate. Car s'il n'a rien à opposer à cela, il devra rire de lui-même et les gens se moqueront de lui.

SOCRATE. Tu as peut-être raison. Mais je peux aussi prévoir que ma réponse va
348 exciter en lui autre chose que des moqueries.

HIPPIAS. Que fera-t-il ?

SOCRATE. S'il a un bâton à la main, je serais mieux de m'enfuir au plus vite, car
351 il cherchera à me frapper.

---

29. Héra : épouse de Zeus. Reconnue pour sa bienveillance et célèbre pour sa sobriété. L'évocation de cette personnalité mythique est tout à fait appropriée au contexte.

HIPPIAS. Qu'est-ce que tu racontes? Cet homme serait-il ton maître[30]? Et s'il te frappe, il sera traîné devant les juges et puni! N'y a-t-il pas de justice à Athènes? 354 Peut-on se frapper injustement les uns les autres?

SOCRATE. Non.

HIPPIAS. Il sera donc puni s'il te frappe.

357 SOCRATE. C'est que, Hippias, il serait plutôt injuste de ne pas me frapper si je lui faisais pareille réponse.

HIPPIAS. Oh! mais quand tu penses de la sorte, tu sais que je commence à être de 360 son avis.

SOCRATE. Veux-tu savoir pourquoi j'estime qu'il serait en droit de me frapper? Tu sembles prêt à le faire sans raison. Écoute plutôt.

363 HIPPIAS. Je ne suis pas un criminel, Socrate, parle donc.

SOCRATE. Je vais continuer à parler en son nom mais, je t'en prie, ne va pas penser que tu es le sujet à qui s'adressent les paroles blessantes et grotesques que tu vas 366 entendre: elles ne sont pas pour toi mais contre moi. Voici ce qu'il me dira: «Socrate, tu me crois injuste de vouloir te frapper alors que tu me défiles un sermon qui n'a aucun rapport avec ce que je recherche.

369 — Comment cela?, lui répondrai-je.

— Comment?, tu me demandes comment? As-tu oublié mon problème? Je veux savoir quelle est cette beauté qui, ajoutée aux choses, les embellit; qu'il s'agisse de 372 pierre ou de bois, d'homme ou de dieu, d'action ou de science. Je veux que tu me dises, Socrate, quelle est cette beauté et j'ai beau crier, c'est comme si tu étais de pierre, et encore une pierre de meule, sans oreilles ni cervelle.»

375 Alors, vas-tu te fâcher, Hippias, si dans ma peur je lui répondais: «Mais c'est Hippias qui m'a appris que la beauté était cela. Je l'ai pourtant interrogé dans les mêmes termes que toi, sur ce qu'était la beauté, pour tous et pour toujours.» Dis-moi, m'en 378 voudrais-tu de lui répondre ainsi?

HIPPIAS. Non, Socrate, car ce que j'ai dit à propos de la beauté est pourtant reconnu par tout le monde.

381 SOCRATE. «Et cela vaudra pour toujours?» pourrait nous répliquer cet homme. Car ce qui est beau devrait l'être pour toujours.

HIPPIAS. Cela s'impose.

384 SOCRATE. Et ce qui est beau l'a été jadis?

HIPPIAS. Forcément.

---

30. L'esclavage était courant à cette époque.

SOCRATE. Alors notre homme ne manquera pas de me demander si toi, l'étranger d'Élis, tu penses qu'il fut beau pour Achille de mourir si jeune[31], sans avoir fait pour son père de belles funérailles. Ainsi que pour son grand-père Éaque[32] et tous les héros de naissance divine, comme pour les dieux eux-mêmes?

HIPPIAS. Mais qu'est-ce que cela? Envoie-le chez Hadès[33]! De toute manière, cet homme pose des questions sacrilèges.

SOCRATE. Mais quoi! Dire ce genre de questions semble impie?

HIPPIAS. Peut-être.

SOCRATE. Peut-être es-tu cet impie, me dira-t-il, toi qui affirmes qu'il est beau pour tout le monde d'être enseveli par ses enfants. Héraclès[34] et ceux que nous avons nommés ne font-ils pas partie de tout le monde?

HIPPIAS. Mais je n'ai jamais parlé des dieux!

SOCRATE. Et j'imagine que cela n'est pas valable pour les héros?

HIPPIAS. Ni pour les enfants des dieux, en effet.

SOCRATE. Mais c'est valable pour tous les autres?

HIPPIAS. C'est cela.

SOCRATE. Ainsi, d'après ton langage, c'est une chose coupable, impie et laide pour les héros tels que Tantale, Dardanos ou Zéthos[35], mais pour un Pélops ou les autres nés de mortels comme lui, ce serait une belle chose?

HIPPIAS. C'est ce que je crois.

SOCRATE. Alors, me dira-t-il, tu te contredis! Car le fait d'être enseveli par ses enfants, après avoir rendu le même devoir à ses ancêtres, est une chose qui semble déshonorante quelquefois et pour quelques-uns; par conséquent cette prétendue beauté souffre encore des mêmes défauts que les exemples précédents comme celui de la femme ou de la marmite, voire, il ajoute au ridicule, ayant toujours l'inconvénient de présenter tantôt la beauté, tantôt la laideur. Il me dira que nous sommes toujours incapables de savoir ce qu'est la beauté. C'est ce qu'il me reprochera si je lui réponds comme tu me le conseilles.

C'est de cette manière qu'il parle avec moi, Hippias. Quelquefois, cependant, comme s'il avait pitié de mon ignorance et de ma pauvre éducation, il me suggère ce que

31. Achille avait le choix entre une vie longue mais obscure et une vie courte mais glorieuse. Il opta pour la vie glorieuse et fut l'un des guerriers les plus influents à Troie, malgré sa querelle avec le chef Agamemnon (voir l'*Iliade* d'Homère).
32. C'était le roi de l'île d'Égine.
33. Hadès était le dieu du royaume des morts ou des ombres. Cette formule équivaut aujourd'hui à envoyer au diable une personne indésirable.
34. Héros le plus populaire de la Grèce antique. Chez les Romains, Héraclès était connu sous le nom d'Hercule.
35. Tantale, Dardanos et Zéthos étaient fils de Zeus.

je dois dire, en me demandant si telle ou telle chose ne me paraît pas être le beau.

417 Il agit comme cela peu importe le sujet de notre recherche ou sur quoi porte la discussion.

HIPPIAS. Qu'est-ce que tu veux dire, Socrate?

420

CINQUIÈME DÉFINITION[36]

423 SOCRATE. Je m'explique. Il me dira: «Tu es un drôle de penseur! Laisse là toutes tes réponses, elles sont bien trop naïves et faciles à réfuter. Vois plutôt si la beauté n'est pas dans cet exemple où tu reconnaissais que l'or était beau là où c'est conve-

426 nable, et laid lorsque ça ne convient pas; et de même partout où cette convenance doit se trouver. Examine cette idée de la convenance, essaie de savoir ce que c'est et regarde si par hasard ce n'est point la beauté que nous cherchons.»

429 Quant à moi, j'ai peine à lui opposer quoi que ce soit, mais toi, ô Hippias, penses-tu que ce qui est convenable soit la beauté?

HIPPIAS. Je suis entièrement d'accord, cher Socrate.

432 SOCRATE. Examinons bien, de peur de nous tromper.

HIPPIAS. Si tu le désires.

SOCRATE. Alors voici. Qu'est-ce que nous pouvons dire à propos de la convenance?

435 Est-ce que c'est, là où elle se trouve, quelque chose qui fait *paraître* beau ou qui le fait *être* beau? Peut-être est-ce ni l'un ni l'autre?

HIPPIAS. Je répondrais…

438 SOCRATE. Quoi donc?

HIPPIAS. Qu'elle est ce qui fait paraître beau. C'est mieux lorsqu'on est bien vêtu et chaussé, même si d'ordinaire l'on est si ridicule[37].

441 SOCRATE. Mais si la convenance fait paraître plus beau, c'est donc une tromperie, et ce n'est pas ce que nous cherchons. Hippias, considérons ce qu'il est impossible de nier en pensant, par exemple, que c'est grâce à la grandeur si, parmi les choses,

444 il s'en présente qui soient grandes[38]. C'est ainsi que je souhaite notre curiosité assez grande pour nous permettre de trouver ce qui donne aux choses une beauté réelle, apparente ou non.

---

36. Les trois prochaines définitions sont proposées par Socrate.

37. Notons que Socrate n'avait rien d'un Apollon et qu'il ne prenait pas soin de son apparence. Hippias y fait sans doute allusion ici.

38. Il s'agit ici d'une allusion à la théorie platonicienne des Idées, qui porte sur la distinction entre le monde intelligible et le monde sensible. Cette théorie, qui demeure sous-jacente dans le *Grand Hippias,* est exposée dans des dialogues postérieurs de Platon. (Voir le glossaire, au mot *Idées.*)

447 HIPPIAS. Mais lorsqu'il y a de la convenance, ô Socrate, comment distinguer que les choses n'ont que l'apparence de la beauté?

SOCRATE. Sauf qu'il est impossible pour une chose ayant déjà la beauté de ne pas **450** apparaître belle.

HIPPIAS. En effet c'est impossible.

SOCRATE. Je songe alors à des choses réellement belles, Hippias, comme certaines **453** lois ou institutions qui pourtant sont sujets de disputes, de querelles et de remise en question, tant entre les citoyens qu'entre les Cités elles-mêmes[39]. C'est donc dire que l'on ne reconnaît pas toujours la beauté?

456 HIPPIAS. Beaucoup la méconnaissent, cher Socrate.

SOCRATE. Cela n'arriverait pas si la convenance pouvait ajouter la beauté aux choses qui paraissent belles. Si c'était le cas, cher Hippias, nous pourrions déclarer que la **459** convenance est cette beauté que nous cherchons, parce qu'elle donnerait aux choses la réalité de la beauté. Mais il me semble que la convenance ne donne aux choses que l'apparence de la beauté, qu'en dis-tu?

462 HIPPIAS. Si tu veux mon avis, Socrate, la convenance ne fait que prêter la beauté.

SOCRATE. Mais que se passe-t-il, Hippias? Voilà que nous reconnaissons que la convenance est différente de la beauté.

465 HIPPIAS. C'est vrai, Socrate, et je trouve tout cela bien étrange.

SOCRATE. Qu'importe cette attitude, cher ami, j'ai bon espoir que nous découvrirons tantôt ce qu'est la beauté.

468 HIPPIAS. C'est certain, Socrate, nous la trouverons! Laisse-moi seul quelque temps et je suis sûr que je pourrai te donner ce que tu désires, ce que tu cherches exactement.

471

SIXIÈME DÉFINITION

474 SOCRATE. Ne te vante pas, Hippias. Nous sommes suffisamment embarrassés par cette recherche, alors fais attention de ne choquer la beauté et de la faire fuir. Excuse-moi, mais certainement que tout seul tu sauras la trouver; sauf que je veux que **477** nous cherchions ensemble. Pour toi, tu n'auras qu'à me quitter pour la trouver sans peine, mais si nous faisons cette découverte tous les deux, je n'aurai plus besoin de t'importuner. Empêche-moi donc de faire des sottises et observe avec attention: je **480** pense que la beauté maintenant, c'est ce qui nous est utile. Je m'appuie sur le fait

---

39. Socrate passe au domaine des valeurs, en invoquant les lois et les institutions. Cette allusion se veut également blessante envers Hippias: Socrate déclare *réellement* belles les lois et institutions «*athéniennes*»; ce qui aurait pu provoquer un Spartiate comme Hippias, quand on sait la rivalité féroce qui existait entre Sparte et Athènes.

que nous appelons beaux yeux, non ceux qui ne voient rien, mais ceux qui voient, et qui sont utiles à cela. Est-ce vrai?

483 HIPPIAS. Oui.

SOCRATE. Aussi pour le corps, nous disons qu'il est beau s'il est capable de courir ou de lutter; de même pour les animaux, par exemple qu'un cheval est beau, un 486 coq, une caille; ou encore les ustensiles, les attelages, les vaisseaux ou les navires de marchands; les instruments de musique ou d'art; ajoutons aussi les institutions et les lois: ces choses ou ces êtres sont beaux s'ils nous servent de quelque manière 489 ou de quelque façon. Le contraire n'est pas attirant, tant que cela est inutile. Est-ce ton avis, Hippias?

HIPPIAS. Oui.

492 SOCRATE. Alors avons-nous le droit d'affirmer que la beauté est l'utile?

HIPPIAS. C'est notre droit, Socrate.

SOCRATE. Et si celui qui a la capacité de faire quoi que ce soit est jugé utile par 495 rapport à ce qu'il peut faire, alors on jugera inutile celui qui est frappé d'incapacité.

HIPPIAS. Certainement.

SOCRATE. Avoir des capacités serait beau, tout comme être perclus nous apparaî-498 trait désagréable et laid.

HIPPIAS. De fait, plusieurs personnes nous manifestent cette vérité, surtout dans les affaires politiques. La plus belle chose qui soit au monde est d'avoir du talent pour 501 diriger sa propre cité, comme c'est une honte d'en être absolument incapable.

SOCRATE. Mais, Hippias, c'est magnifique! Et au nom des dieux, c'est pour tout ce que tu dis que la sagesse m'apparaît si belle, comme est maintenant honteuse 504 mon ignorance!

HIPPIAS. Pourquoi dis-tu cela, Socrate?

SOCRATE. Parce que je m'effraie soudainement de ce que nous venons de décou-507 vrir.

HIPPIAS. Mais que crains-tu, Socrate? Depuis un moment tes paroles sont fort justes.

510 SOCRATE. Je le voudrais, mais examine ceci avec moi: peut-on réaliser une chose sans que l'on sache comment la produire et sans posséder les capacités nécessaires?

HIPPIAS. Mais non! Comment veux-tu qu'on fasse ce qu'on ne peut faire?

513 SOCRATE. Alors quand les gens font des erreurs, et travaillent mal, même si c'est involontaire, si vraiment ils étaient incapables de faire les choses qu'ils font, ces choses n'auraient pu être faites.

516 HIPPIAS. Cela va de soi.

SOCRATE. Ainsi, tout ce qu'on peut, c'est par la capacité qu'on le peut; car ce ne peut être par l'incapacité?

519 HIPPIAS. Bien sûr que non.

SOCRATE. Et quiconque fait quelque chose est capable de faire la chose qu'il fait.

HIPPIAS. Oui.

522 SOCRATE. Mais les hommes, dès leur enfance, font beaucoup plus de mal que de bien, même si c'est parfois involontaire.

HIPPIAS. J'en ai bien peur, hélas!

525 SOCRATE. Quel problème! Cette capacité, et tout ce qui est utile, si elles servent à faire le mal, dirons-nous que c'est quelque chose de beau, ou d'étranger à la beauté?

HIPPIAS. D'étranger, Socrate.

528 SOCRATE. Par conséquent, ô Hippias, la capacité et l'utile ne peuvent être pour nous la beauté que nous cherchons.

531 ## SEPTIÈME DÉFINITION

HIPPIAS. Pourquoi non, Socrate? Si ce pouvoir est utile au bien?

534 SOCRATE. En tout cas, il est moins vrai maintenant que la beauté serait la pure capacité ou l'utilité. Certes, cela demeure beau, à condition de préciser que cette puissance se doit d'être au service du bien. N'est-ce pas ce que nous avions voulu
537 dire?

HIPPIAS. Il me semble.

SOCRATE. Te semble-t-il que c'est alors tout ce qui est bénéfique, profitable?

540 HIPPIAS. Peut être.

SOCRATE. Ainsi les beaux corps, les belles institutions, la sagesse et toutes les autres choses dont nous avons parlé sont belles parce qu'elles sont profitables?

543 HIPPIAS. C'est comme tu le dis.

SOCRATE. Donc, la beauté est ce qui est profitable.

HIPPIAS. Tout à fait sûr, cher Socrate.

546 SOCRATE. Et ce qui est profitable produit aussi du bien?

HIPPIAS. Oui.

SOCRATE. Mais ce qui produit un effet doit être une cause, n'est-ce pas?

549 HIPPIAS. Forcément.

SOCRATE. Alors le bien aurait été fait par la beauté?

HIPPIAS. Mais oui.

552 SOCRATE. Sauf que la cause, Hippias, ne peut être à la fois son produit; car jamais une cause ne s'est causée elle-même! Regarde: une cause produit un effet, c'est clair?

555 HIPPIAS. Oui.

SOCRATE. Et l'effet est un produit, non un producteur.

HIPPIAS. Cela est certain.

558 SOCRATE. Le produit serait distinct du producteur?

HIPPIAS. Qui en doute?

SOCRATE. Donc la cause ne peut se produire elle-même, elle produit l'effet qui
561 vient d'elle?

HIPPIAS. Sans contredit.

SOCRATE. Si donc le beau engendre le bien, alors le bien est le produit du beau,
564 et cela n'est-il pas l'objet de tous nos désirs? S'il est vrai que nous recherchions la sagesse et toutes les belles choses parce qu'elles donnent le bien, heureux serons-nous de nous présenter maintenant à son père, c'est-à-dire le beau.

567 HIPPIAS. Tu parles en beauté, ô Socrate!

SOCRATE. Comme il n'est pas moins beau de dire que le fils n'a pas à être son père et le père à faire comme son fils.

570 HIPPIAS. C'est juste.

SOCRATE. Comme la cause ne peut être l'effet, ni l'effet la cause!

HIPPIAS. C'est vrai.

573 SOCRATE. Ce qui fait, mon cher, que le beau n'est pas bien, pas plus que le bien n'est beau. Admets-tu mon raisonnement?

HIPPIAS. C'est difficile à admettre, Socrate.

576 SOCRATE. Sommes-nous contents de ce résultat? Faut-il avouer que le beau ne soit pas bien et que le bien ne soit pas beau?

HIPPIAS. Non, par Zeus, je trouve cela inacceptable.

579 SOCRATE. Tu as raison, Hippias. C'est le raisonnement le plus décevant jusqu'ici.

HIPPIAS. C'est aussi mon avis.

SOCRATE. Ainsi nous avions tort de concevoir que la beauté se trouvait dans le profitable, l'utile, ou dans la capacité de produire un bien quelconque. Tout cela est faux, ridicule, et pire encore que de penser que c'est une belle femme ou une chose ayant les aspects de la beauté.

HIPPIAS. Apparemment.

SOCRATE. Alors je commence à être vraiment embarrassé. Je ne sais plus quoi dire, ni de quel côté me tourner. Aurais-tu enfin une idée?

HIPPIAS. Non je n'en ai pas, mais je continue de croire qu'avec un peu de distance, je trouverai ce que tu cherches.

HUITIÈME DÉFINITION

SOCRATE. Mais j'ai si hâte de savoir ce qu'est la beauté que je ne peux te laisser seul afin que tu y réfléchisses. D'ailleurs, ça me vient: je crois avoir fait une découverte. Regarde. Ce qui nous donne du plaisir, non pas toute sorte de plaisirs, mais celui que nous avons à entendre et à voir, si ce plaisir était la beauté, dis-moi? Pourrions-nous contester cette approche? Les hommes, Hippias, les ouvrages de peinture ou de sculpture, nous font plaisir à voir s'ils sont beaux. Les beaux sons et la musique, les beaux discours et les fables, produisent le même effet; de sorte que si nous répondions à notre critique: «Mon ami, la beauté n'est pas autre chose que ce qui nous cause du plaisir par l'ouïe et par la vue», aurions-nous enfin raison de lui?

HIPPIAS. Cette fois, ô Socrate, je pense que tu as bien parlé à propos de la beauté.

SOCRATE. Mais voyons un peu: dirons-nous, Hippias, que les traditions et les lois sont belles parce qu'elles sont sources de plaisir pour nos oreilles ou nos yeux? Ou est-ce que leur beauté est différente?

HIPPIAS. Mais voyons, Socrate! Cette différence échappera à cet homme.

SOCRATE. Par le chien, Hippias, pas à cet homme-là. Il n'est pas permis devant lui de prétendre savoir quelque chose surtout quand on parle pour ne rien dire!

HIPPIAS. Mais qui est cet homme?

SOCRATE. Socrate lui-même. Il ne me permettrait pas de croire que je sais des choses alors qu'en réalité je les ignore.

HIPPIAS. Puisque tu donnes ton opinion, bien moi aussi je trouve différente la beauté des lois.

SOCRATE. Doucement, Hippias. D'abord on croit savoir ce qu'est la beauté, puis nous voilà dans les mêmes difficultés qu'auparavant.

HIPPIAS. Qu'est-ce que tu veux dire, Socrate?

618 SOCRATE. Je vais t'expliquer et tu jugeras de la valeur de mes propos. Peut-être pourrions-nous montrer que la beauté des lois et traditions n'est pas si différente des sensations éprouvées par les oreilles et par les yeux. Oublions pour le moment 621 le cas des lois et supposons qu'en vérité la beauté est ce qui délecte ces deux sens. Alors notre homme ou tout autre pourrait nous demander: «Vous dites, Hippias et Socrate, que la beauté est le plaisir qu'éprouvent les yeux et les oreilles; mais que 624 faites-vous des plaisirs de la table, de la chair, ou de tout autre semblable? Ces sensations ne sont pas agréables? N'y a-t-il du plaisir que pour les oreilles et les yeux?» Que répondre, Hippias?

627 HIPPIAS. Il faut dire sans hésiter qu'il y a de très grands plaisirs attachés aux autres sensations.

SOCRATE. Il reprendra: «Mais pourquoi vous refusez de voir dans ces plaisirs une 630 certaine beauté?»

Sur quoi, pour notre défense, il faudra lui répliquer que tout le monde se moquerait de nous si désormais nous disions que manger n'est plus une chose agréable 633 mais belle. Et que sentir n'est plus bon mais beau. Et quant à l'amour, qui apporte tant de jouissances, pourquoi faut-il se cacher pour le faire si ce n'est qu'il est disgracieux?

636 À ces paroles, notre homme ne manquera pas d'ajouter: «Je m'aperçois que c'est la honte qui vous empêche d'appeler beaux ces plaisirs, parce que l'opinion commune s'y oppose. Je ne voulais pas entendre l'avis du peuple sur la beauté, mais seule-639 ment voir ce qu'elle est.»

Nous devrons lui répondre, il me semble, ce que nous avons déjà dit; à savoir que la beauté c'est le plaisir procuré par l'ouïe et par la vue. Es-tu d'accord avec cela, 642 Hippias, ou veux-tu y changer quelque chose?

HIPPIAS. C'est une nécessité de répondre de la sorte, Socrate.

SOCRATE. Alors il me fera remarquer que le plaisir qui ne vient pas de l'ouïe et 645 de la vue ne peut être beau. Sommes-nous d'accord?

HIPPIAS. Oui.

SOCRATE. Mais il rétorquera: «Ce qui est agréable pour l'œil peut-il l'être en 648 même temps pour l'oreille? Ce qui est plaisant à entendre est-il en même temps agréable à la vue?» Mais non, dirons-nous. D'après ce qu'il peut comprendre, le plaisir produit par l'un de ces sens devrait aussi se produire pour les deux. Mais 651 nous, nous disons que chacun de ces plaisirs pris séparément est beau, et qu'ils le sont aussi tous deux ensemble. Est-ce que cette réponse te satisfait?

HIPPIAS. C'est très bien.

654 SOCRATE. Sauf qu'il nous demandera : «Une chose plaisante peut-elle différer d'une autre chose plaisante ? Je ne veux pas savoir si un plaisir est plus ou moins agréable comparé à un autre ; mais s'il y a des plaisirs qui au fond ne le sont pas ?» Il me **657** semble que c'est absurde, n'est-il pas vrai ?

HIPPIAS. C'est comme tu le dis.

SOCRATE. Mais pourquoi, nous répondra-t-il, avoir choisi justement ces deux plai- **660** sirs ? Ils doivent sans aucun doute posséder une qualité particulière pour être perçus comme beaux. Par exemple, le plaisir qui naît de la vue n'est pas beau simplement parce qu'il naît de la vue, car si c'était vrai le plaisir qui naît de l'ouïe ne le serait **663** pas, puisque ce n'est pas un plaisir rattaché à la vue. A-t-il raison, Hippias ?

HIPPIAS. Oui.

SOCRATE. De même, le plaisir qui naît de l'ouïe n'est pas beau uniquement parce **666** qu'il naît de l'ouïe, car si c'était vrai le plaisir qui naît de la vue ne le serait pas, puisque ce n'est pas un plaisir rattaché à l'ouïe. Tu vois que c'est conséquent, Hippias.

HIPPIAS. C'est vrai.

669 SOCRATE. «Et ces deux sortes de plaisirs sont beaux ?», me demandera-t-il ? Ne le disons-nous pas ?

HIPPIAS. Nous le disons.

672 SOCRATE. «Ils ont donc quelque chose de commun qui fait qu'ils sont beaux, ils ont un même caractère pour les deux, et que chacun possède. Sinon, il serait impossible de faire qu'ils soient beaux, pour les deux ensemble ou pour un seul.» **675** Réponds-moi, Hippias, comme si tu avais affaire à lui.

HIPPIAS. Je pense que c'est comme il dit, voilà ma réponse.

SOCRATE. Et si ces deux plaisirs avaient une qualité commune mais étrangère à **678** chacun, alors il ne pourrait y avoir de la beauté ?

HIPPIAS. Comment veux-tu, Socrate, qu'une qualité commune ne soit pas partagée par chacun séparément ?

681 SOCRATE. Tu crois que cela est impossible ?

HIPPIAS. Il faudrait, pour le croire, méconnaître la nature de ces choses et tout ce qu'expriment ces expressions[40].

684 SOCRATE. Belle réplique. Mais je vois, Hippias, je vois que ce n'est pas impossible parce que j'entrevois quelque chose, seulement je n'en suis pas sûr.

HIPPIAS. Il est tout à fait clair, Socrate, que tu vois tout embrouillé.

---

40. Hippias est maintenant exaspéré : il se proclame maître de ces sujets et refusera désormais le bavardage de Socrate.

687 SOCRATE. Et pourtant il se présente à mon esprit certaines images, mais je m'en défie car tu ne les vois pas, toi qui as fait fortune avec ta sagesse; alors que moi, esprit clairvoyant, je n'ai pas la moindre obole[41]. J'ai des idées, je t'assure, mais tu
690 ne parles plus sérieusement et tu te moques de moi.

HIPPIAS. Bien, dis-le, Socrate. Tu verras pourquoi je plaisante, car il paraîtra clairement que tes visions sont confuses. Comment veux-tu que nous ayons tous les
693 deux ensemble ce que toi et moi n'avons pas?

SOCRATE. Qu'est-ce que tu veux dire, Hippias? Peut-être as-tu raison. Mais laisse-moi t'expliquer ma pensée. Il me semble qu'une certaine qualité peut se trouver en
696 nous deux, même si personnellement nous en sommes privés.

HIPPIAS. Mais voyons, Socrate, c'est complètement absurde! Pense un peu: si nous étions justes tous les deux, nous le serions l'un et l'autre! Et si chacun de nous était
699 injuste, nous le serions tous les deux! Ou encore, si nous étions tous les deux en santé, chacun de nous se porterait bien; de même, si nous avions l'un et l'autre quelque maladie ou blessure, alors on nous soignerait tous les deux. Écoute encore:
702 si nous étions tous les deux d'or, d'argent ou d'ivoire, ou si tu préfères, nobles, sages, honorés, vieux ou jeunes, ou doués de n'importe quelle autre qualité humaine, il faudrait forcément que chacun de nous le soit.

705 SOCRATE. Oui c'est vrai.

HIPPIAS. Ton défaut, Socrate, et le défaut de ceux avec qui tu converses d'habitude, est de ne pas voir les choses en leur ensemble: vous détachez la beauté de toute
708 partie du réel pour voir ce que c'est, et vous coupez tout par morceaux dans vos discours. Tout ce qu'il y a de grand et de vaste dans les choses vous échappe. Te voilà maintenant si loin de la vérité que tu t'imagines qu'un quelconque attribut
711 peut appartenir à deux êtres ensemble mais non séparément, ou encore appartenir à chacun et puis curieusement disparaître dans le couple. Il est pitoyable de manquer à ce point de logique, de discernement et de bon sens dans vos réflexions[42].

714 SOCRATE. Ah! que faire, Hippias? Comme dit le proverbe: on est ce qu'on peut, pas ce qu'on veut. Heureusement, tu nous rends service par tes reproches et tes précieux conseils. J'aimerais te faire connaître encore davantage jusqu'où allait notre
717 stupidité, en t'exposant notre manière de penser sur le sujet qui nous occupe. Mais le voudras-tu?

HIPPIAS. Tu ne m'apprendras rien, Socrate, car je connais l'état d'esprit de tous
720 ceux qui argumentent comme toi. Mais si cela peut te faire plaisir, parle.

---

41. Au tour de Socrate d'attaquer. La comparaison est blessante, mais Hippias ne s'en offense pas.
42. On a souvent reproché aux sophistes leur prétention. Plusieurs ont vu dans ce passage une preuve de la superbe d'Hippias. Osons suggérer une autre lecture: on pourrait se demander si le questionnement philosophique de Socrate est approprié dans le cadre d'une recherche sur la beauté.

SOCRATE. Tu me fais réellement plaisir, mon cher ami, car avant d'entendre tes reproches nous étions assez fous pour croire, à propos de toi et moi, que chacun de nous était un, et qu'ensemble on devait être deux. Comme notre ignorance était profonde! Heureusement, tu as corrigé nos idées en nous apprenant que si, ensemble, nous sommes deux, alors il faut nécessairement que chacun de nous soit aussi deux; ou si nous sommes un, donc tous les deux on fait toujours un! C'est donc cela l'excellente théorie des choses selon le grand Hippias: ce que les deux sont, chacun l'est aussi; et ce que chacun est, les deux le sont. C'est très convaincant. Mais il faut, Hippias, que je me souvienne si toi et moi ne sommes qu'un, ou si tu es deux et moi deux.

HIPPIAS. Que dis-tu là, Socrate?

SOCRATE. Je dis ce que je dis. Tu m'en veux et tu t'emportes contre moi parce que jusqu'ici tu croyais savoir quelque chose. Néanmoins, peux-tu me répondre si chacun de nous est un, a-t-il la sensation d'être un?

HIPPIAS. Ça s'impose.

SOCRATE. Et si chacun de nous est un, il est impair[43]. Considères-tu que l'unité est impaire?

HIPPIAS. Forcément.

SOCRATE. Deux unités ensemble sont-elles toujours impaires?

HIPPIAS. C'est impossible, Socrate.

SOCRATE. À nous deux alors nous sommes pairs.

HIPPIAS. Oui.

SOCRATE. S'ensuit-il que chacun de nous est pair?

HIPPIAS. Mais non.

SOCRATE. Il n'est donc pas nécessaire, comme tu disais, que le couple ait les qualités de l'individu, ni l'individu celles du couple?

HIPPIAS. Tu as raison dans ce cas, mais c'est nécessaire pour tous ceux que j'ai mentionnés.

SOCRATE. Ça me suffit, Hippias. Rappelle-toi le commencement de cette discussion, où j'avançais que les plaisirs de la vue et de l'ouïe sont beaux grâce à un caractère commun et propre à chacun. D'ailleurs, tu convenais que cette beauté se trouvait à la fois dans chacun de ces plaisirs et dans tous les deux ensemble. J'ai

---

43. περιττοσ peut aussi vouloir dire «magnifique, remarquable, supérieur». Il y a un versant ironique à cette proposition, qui pourrait s'entendre comme suit: «Et si tu admets que je suis quelqu'*un*, tu devrais *aussi* entendre que je suis *supérieur...*» Cette version se justifie d'autant plus que l'imparité n'existe à partir du nombre trois. Dire que l'unité est impaire est une faute.

753 cru en conséquence que s'ils étaient beaux tous les deux, c'était en vertu d'une même qualité, qui ne pouvait faire défaut à l'un ou l'autre; j'en suis certain. Alors dis-moi: si le plaisir de la vue et celui de l'ouïe sont beaux pris ensemble et séparément,
756 ce qui fait leur beauté devrait être commun aux deux et propre à chacun?

HIPPIAS. Naturellement.

SOCRATE. Mais alors le plaisir est-il la cause de la beauté? Et à cet égard, tous les
759 autres plaisirs ne sont-ils pas aussi beaux que ceux-là, étant eux-mêmes des plaisirs, comme nous l'avons reconnu?

HIPPIAS. Je m'en souviens.

762 SOCRATE. Nous avions dit que la beauté est le plaisir qu'éprouvent les yeux et les oreilles.

HIPPIAS. C'est vrai.

765 SOCRATE. Et que la beauté était uniquement ce plaisir de la vue et de l'ouïe. Est-ce que c'est juste?

HIPPIAS. Oui.

768 SOCRATE. Est-il vrai aussi que ce plaisir n'est pas propre à chacun, mais appartient plutôt au couple? Rappelle-toi que c'est le plaisir des deux qui donne la beauté, et que deux n'est pas dans un. Es-tu d'accord?

771 HIPPIAS. Oui.

SOCRATE. C'est le couple qui est beau, dans notre hypothèse, et non chaque plaisir pris séparément, si tu crois que mon raisonnement est rigoureux.

774 HIPPIAS. Il le semble.

SOCRATE. Donc un plaisir pris séparément ne peut être beau.

HIPPIAS. Mais qu'est-ce qui l'empêche?

777 SOCRATE. L'empêchement que je vois, mon ami, c'est que dans tous les exemples que tu as énumérés, ce qui était commun à deux choses appartenait aussi à chacun. Est-ce vrai?

780 HIPPIAS. Oui.

SOCRATE. Or il n'en est pas de même des exemples dont j'ai parlé. De ceux-ci, il y avait le fait qu'un couple soit composé de deux unités. Est-ce bien cela?

783 HIPPIAS. C'est ainsi.

SOCRATE. Alors, ô Hippias, où faut-il ranger la beauté? Dans les exemples que tu as choisis? Tu disais que si nous sommes forts tous les deux, alors chacun de nous
786 doit l'être; ou si toi et moi sommes justes, nous le sommes tous les deux; et si tous

les deux nous le sommes, alors chacun de nous l'est également. Ainsi pour toutes les qualités que tu voudras. Sauf qu'il pourrait se faire qu'il en soit de la beauté **789** comme de certaines choses qui, ensemble, sont paires, et séparément ne le sont pas; ou encore ceci qu'un entier est en fait la somme de fractions; et ainsi de suite. C'était ce genre d'exemples qui se présentaient à ma pensée. Mais maintenant, le **792** problème est de savoir où ranger la beauté. Tu seras sans doute de mon avis, mais je m'aperçois qu'il est absurde de dire, par exemple, qu'étant beaux tous les deux, qu'un de nous ne le serait pas; ou que chacun l'étant, nous ne le soyons pas tous **795** deux, et ainsi pour toutes les qualités que tu voudras. Es-tu de mon avis ou d'un autre[44]?

HIPPIAS. De ton avis, Socrate.

798 SOCRATE. Tant mieux, Hippias, cela va nous sauver de l'ouvrage. Si donc il en est de la beauté comme du reste, alors le plaisir qui naît de la vue et de l'ouïe ne peut plus être le beau. Car le plaisir des deux n'est pas le même que le plaisir de chacun **801** pris séparément. Ce qui, d'après notre jugement, est impossible.

HIPPIAS. Tout à fait.

SOCRATE. Le plaisir d'entendre et de voir n'est donc pas la beauté que nous cher- **804** chons, cette idée étant absurde.

HIPPIAS. C'est vrai.

SOCRATE. Alors, dira notre homme, reprenez les choses depuis le début, puisque **807** vous étiez dans l'erreur. Pourquoi donc avez-vous préféré les plaisirs de la vue et de l'ouïe par rapport à tous les autres? À cette question, Hippias, il me paraît néces- saire de répondre que c'est parce qu'ils sont profitables en plus d'être inoffensifs, **810** qu'on les prenne ensemble ou séparément. Vois-tu quelque autre différence?

HIPPIAS. Aucunement. Ces plaisirs sont vraiment profitables.

SOCRATE. Donc la beauté, dira-t-il, est dans les plaisirs profitables. Je lui répon- **813** drai qu'il y a apparence. Et toi?

HIPPIAS. Je le dirais moi aussi.

SOCRATE. Or, poursuivra-t-il, ce qui est profitable produit nécessairement un bien. **816** Pourtant, nous avons vu tout à l'heure que le produit est différent du producteur. Nous revoilà dans notre premier embarras! On disait que le beau ne pouvait être le bien et le bien être beau, étant deux choses distinctes. Si nous sommes sages, **819** Hippias, il faudra lui donner raison, parce qu'il n'est pas permis d'être en désaccord avec la vérité.

---

44. C'était le point de vue de Hippias au départ. Socrate s'était alors moqué de lui et le voici plongé dans cette conception, demandant maintenant si Hippias est de «son» avis!

HIPPIAS. Mais, franchement, Socrate, que penses-tu de cette discussion? Il n'y a
822 rien à comprendre, tellement tu nous sers des épluchures et des rognures de discours hachés en petits morceaux. Je vais t'apprendre: ce qui est beau et précieux,
c'est d'être capable de prendre la parole devant l'Assemblée, devant les magistrats,
825 et de les persuader, remportant pour ainsi dire la plus grande des récompenses: celle
de défendre sa vie, ses biens et ses compagnons[45]. Voilà ce qui devrait mériter ton
attention. Mais tu préfères entretenir toutes ces vaines subtilités, quitte à passer pour
828 un imbécile, en t'occupant comme tu fais de babillages et de babioles.

ÉPILOGUE

831

SOCRATE. Ô Hippias, tu es heureux de savoir ce qui convient à un homme. Mais
moi, frappé d'une mauvaise destinée, j'erre de ci de là dans une continuelle incer-
834 titude. J'ai beau vous faire part de mon embarras à vous autres sages qu'aussitôt
vous me rabrouez, me couvrant d'insultes. Vous dites que je m'occupe de sottises,
de misères et de choses qui n'en valent pas la peine; mais lorsque je me rends à
837 vos raisons, et que je dis comme vous qu'il est bien plus profitable de savoir faire
un beau discours devant les juges ou à l'Assemblée, alors tout le monde se moque
de moi, en particulier cet homme qui ne cesse de me contredire, surtout qu'il habite
840 chez moi. Dès qu'il m'entend parler de la sorte, il me demande si je n'ai pas honte
d'oser disserter sur les belles occupations alors qu'il m'a prouvé parfaitement que
j'ignore toujours ce qu'est la beauté en elle-même. Car comment, ajouterait-il, tu
843 pourras reconnaître si quelqu'un a fait ou non un beau discours ou une belle action
si tu ne sais pas ce qu'est la beauté? Et tant que tu seras dans cette ignorance,
penses-tu que la vie te soit meilleure que la mort? Je suis donc, de tout côté, accablé
846 d'injures.

Voilà Hippias comment j'endure vos reproches! Et dire que j'en retire un certain
profit! Car, vois-tu, je comprends maintenant que ce n'est pas facile de saisir ce
849 qu'est la beauté[46].

---

45. Socrate devra vivre cette âpre beauté: voir l'*Apologie de Socrate*, de Platon.
46. Platon montre souvent la *difficulté* d'atteindre l'essence des choses. Tout comme dans le *Banquet* et le *Phèdre*, qui traitent respectivement de l'amour et du Bien, il n'y a pas, dans le *Grand Hippias*, de résultat. Mais l'effort accompli est profitable.

Questions

à propos du Grand Hippias

N.B.: *L'abréviation « l. » désigne « ligne(s) ».*

QUESTIONS PORTANT SUR LE *PROLOGUE* (l. 1 à 190)

1. Nommez trois sages auxquels Socrate fait référence (l. 7 à 12).

2. Comment Socrate qualifie-t-il les sages d'autrefois (l. 23 à 29)?

3. De quelle partie de la Grèce Hippias venait-il (l. 36 à 39)?

4. Comment Hippias qualifie-t-il ceux qui font de mauvaises lois (l. 86 à 92)?

5. Selon Socrate, les Spartiates manquent de jugement (l. 110). Que recherchent-ils alors dans les enseignements d'Hippias (l. 110 à 140)?

6. Quelle faculté Socrate prête-t-il à Hippias (l. 126 à 129)?

7. La justice est-elle quelque chose de réel selon Socrate (l. 165 à 171)?

8. Existe-t-il une différence entre «ce qui est beau» et «ce qu'est le beau» (l. 176 à 187)?

9. Que doit-on entendre par l'expression de Socrate voulant que les choses soient belles «par l'effet de la beauté» (l. 173 et 174)?

10. Quelle erreur de définition Socrate fait-il lorsqu'il compare la définition de la beauté à la justice (l. 165 à 168) et à la sagesse (l. 173)?

11. «Si donc l'on échoue à faire des lois justes, ne manque-t-on pas alors le but essentiel des lois?» Cette question des lignes 86 et 87 peut-elle concerner la philosophie? Quel critère Socrate évoque-t-il pour caractériser l'utilité d'une loi?

12. Quelle question philosophique constitue le point de départ de la discussion qu'engage Socrate sur le problème de la beauté (l. 141 et suivantes)?

13. Quel est le sujet[1] du prologue?

14. Faites la liste des sujets qu'abordent Hippias et Socrate dans le prologue.

---

1. Lorsqu'on vous demande de trouver le sujet, c'est un peu comme si on vous demandait de trouver un titre.

15. Le concept de sophiste est opposé au concept de philosophe tout au long de ce prologue. Expliquez, dans le contexte de la discussion entre Hippias et Socrate, l'incompatibilité des deux concepts.

16. Posséder la sagesse implique-t-il nécessairement le dédain des affaires publiques? Autrement dit, le sage ou le philosophe doit-il éviter de se mêler de politique?

QUESTIONS PORTANT SUR LA *PREMIÈRE DÉFINITION* (l. 192 à 258)

17. À quoi Hippias identifie-t-il la beauté (l. 194 à 196)?

18. Hippias considère que la beauté en soi est «dans» la nature concrète des choses. Que veut-on dire par cette expression (l. 201 à 204)?

19. Quelle objection Socrate fait-il en réponse à Hippias (l. 210 à 213)?

20. Quels objets, au nombre de deux, Socrate désigne-t-il pour représenter la beauté (l. 216 à 221)?

21. Formulez une question de nature philosophique[2] à partir de la première définition d'Hippias sur la beauté. Dites dans quelle discipline, quel champ ou quel domaine de la philosophie cette question pourrait s'inscrire.

22. Quel est le sujet de la première définition d'Hippias?

23. À quelles propriétés ou quels attributs le concept de beauté est-il assimilé dans la première définition?

24. Selon Hippias, quels critères une définition de la beauté devrait-elle respecter pour être acceptable?

25. D'après l'extrait ci-dessous, peut-on dire que les instincts sexuels sont ce qui influe le plus sur le choix des critères de la beauté? (Donnez trois arguments en faveur de votre opinion.)

> Dans les études réalisées par des psychologues comme Victor Johnson, de l'université d'État du Nouveau-Mexique, ou David Perrett, de l'université St-Andrews en Écosse, les hommes expriment une préférence marquée pour les femmes aux grands yeux, aux lèvres charnues, au nez et au menton petits. Celles menées par le psychologue Devendra Singh, de l'université du Texas, révèlent un penchant pour le canon classique de la taille de guêpe.
>
> «Que les hommes préfèrent les femmes à la peau lisse, aux grands yeux, au corps bien roulé et aux lèvres charnues n'a rien d'un hasard», déclare Don Symons. Tous ces attributs sont liés à la jeunesse, à la santé et à la fécondité. Prenez les lèvres, qui, gonflées par les œstrogènes, atteignent leur

---

2. Une question de nature philosophique respecte les critères suivants: c'est une question portant sur la finalité (sur les buts), qui concerne l'être humain, que la science ne peut résoudre, qui donne prise à différents points de vue et qui porte soit sur le sens des mots ou la valeur des choses.

volume entre 14 et 16 ans, lorsque les femmes entrent dans leur période de fécondité. Lorsque la ménopause se déclare, les lèvres se flétrissent. De la même façon, les lésions cutanées ou les plaies indiquent la présence de maladies infectieuses ou de parasites. Une peau fraîche, satinée, suggère la jeunesse et la santé.

Dans le scénario imaginé par Symons et d'autres scientifiques, les hommes se disent inconsciemment que lèvres charnues et peaux satinées égalent santé, fécondité et équilibre génétique. Un instinct affiné par une centaine de milliers d'années de sélection, pense Symons. Parce que nous sommes dépendants de notre évolution, cet instinct persiste. (Cathy Newman, «L'énigme de la beauté», *National Geographic* (France)**,** vol 2.1, n° 4, janvier 2000, pages 108-109.)

QUESTIONS PORTANT SUR LA *DEUXIÈME DÉFINITION* (l. 260 à 290)

26. À quoi la beauté est-elle identifiée au début de cette définition?

27. Quelle est la conclusion d'Hippias au sujet de la beauté à la fin de la deuxième définition (l. 279 à 286)?

28. Formulez une question de nature philosophique[3] à partir de cette nouvelle définition par Hippias.

29. Quel est le sujet de cette partie du dialogue?

30. L'or est un métal que l'on dit précieux ou noble. Il représente surtout la richesse. Si Hippias affirme que l'or est attirant, c'est parce qu'il reconnaît qu'il est recherché par la plupart des hommes. La beauté ne serait-elle qu'une opinion populaire? (Commentez puis formulez une objection à l'encontre de cet énoncé.)

QUESTIONS PORTANT SUR LA *TROISIÈME DÉFINITION* (l. 292 à 334)

31. À quoi Hippias identifie-t-il la beauté dans la troisième définition (l. 294 et 295)?

32. Pourquoi Socrate préfère-t-il une cuillère en bois de figuier à une cuillère en or, malgré le fait que la cuillère en or soit *plus belle* (l. 296 à 310)?

33. Formulez une question de nature philosophique à partir de la troisième définition formulée par Hippias.

34. À quelle thèse implicite[4] pourrait-on rattacher les trois premières définitions données par Hippias?

---

3. Voir la note précédente.

4. Une thèse implicite est une thèse sous-entendue, qui n'apparaît pas comme telle dans le texte. C'est comme si on se demandait: «Que pourrions-nous déduire de ces propos?»

35. Si la beauté est un effet qui résulte d'un certain agencement, d'une composition harmonieuse, identifiez deux choses de votre environnement (immeubles, maisons, parcs, etc.) qui illustrent que ce principe a été respecté. Utilisez pour votre démonstration une photographie, un dessin ou un croquis.

QUESTIONS PORTANT SUR LA *QUATRIÈME DÉFINITION* (l. 336 à 419)

36. Quels critères Socrate recherche-t-il dans le commentaire qu'il adresse à Hippias concernant la définition de la beauté aux lignes 364 à 382?

37. Quel est le sujet de cette partie du dialogue?

38. Quelle thèse Hippias défend-il dans cette partie? Quelle objection lui adressera Socrate? Est-ce que le point de vue de Socrate détruit la définition avancée par Hippias?

39. Adoptez la position d'Hippias en essayant de décrire ce que deviendraient nos sociétés modernes si l'on adoptait des règles selon lesquelles l'honneur et le respect seraient primés par-dessus tout. Évaluez les conséquences de cette croyance.

QUESTIONS PORTANT SUR LA *CINQUIÈME DÉFINITION* (l. 422 à 470)

40. Quel moyen ou quelle ruse Socrate utilise-t-il pour présenter cette nouvelle définition de la beauté (l. 423 à 430)?

41. À quoi Socrate oppose-t-il le *paraître*?

42. Expliquez la distinction entre «paraître» et «être».

43. Que veut-on dire quand on affirme, dans la note 37, que Socrate n'avait rien d'un Apollon?

44. La réponse que Socrate donne à Hippias aux lignes 452 à 455 contient un implicite. Quel est-il?

45. Selon Socrate, que donne la *convenance* (l. 457 à 461)?

46. Que signifie l'expression «prêter la beauté» dans la bouche d'Hippias (l. 462)?

47. La question des lignes 429 et 430 est-elle de nature philosophique? Justifiez votre réponse.

48. Formulez la question philosophique sous-jacente à l'affirmation de Socrate énoncée aux lignes 441 à 446.

49. Quel est le sujet de la cinquième définition?

50. Qu'est-ce qui distingue le concept de *paraître* du concept *d'être*?

51. En quoi la définition de Socrate de la beauté est-elle insatisfaisante?

52. Pourquoi certaines choses sont-elles belles (donnez un argument)?

53. Illustrez votre argument de deux exemples.

54. Reprenez un des exemples (dessins, photos ou croquis) de la question 35. Commentez cette notion de convenance. Montrez son importance dans l'architecture, l'aménagement paysager, la décoration intérieure, la mode.

QUESTIONS SUR LA *SIXIÈME DÉFINITION* (l. 473 à 529)

55. À quoi la beauté est-elle identifiée dans la sixième définition (l. 474 à 482)?

56. Pourquoi la définition de la beauté par l'utile se révèle-t-elle problématique (l. 502 à 523)?

57. Quel est le sujet de la sixième définition?

58. Selon Socrate, quiconque a la capacité de faire quoi que ce soit est jugé utile par rapport à ce qu'il peut faire, alors qu'est jugé inutile celui qui est frappé d'ignorance ou d'incapacité (l. 494 et 495). Quels arguments rendent cette idée convaincante?

59. La capacité est attirante dans la mesure où elle nous procure un quelconque avantage. Relevez deux exemples dans la vie moderne où cela se révèle particulièrement vrai.

QUESTIONS PORTANT SUR LA *SEPTIÈME DÉFINITION* (l. 531 à 589)

60. Formulez cette nouvelle définition de la beauté.

61. Selon Socrate, que produit le *profitable* (l. 546)?

62. À quelle conséquence conduit le fait de définir le beau comme le profitable produisant le bien (l. 573 et 574)?

63. Pourquoi ne peut-on pas retenir l'utile ou le profitable comme concepts servant à définir la beauté (l. 541 à 579)?

64. Quel est le sujet de la septième définition?

65. À quelles propriétés Socrate assimile-t-il la beauté dans la septième définition?

66. Quel est la propriété du profitable selon Socrate?

67. Débat: Quelle idée vous faites-vous de la philosophie quand vous apprenez de la bouche de Socrate que «le beau n'est pas bien et que le bien n'est pas beau»?

QUESTIONS SUR LA *HUITIÈME DÉFINITION* (l. 591 à 828)

68. Quelle découverte Socrate laisse-t-il entrevoir au début de la huitième définition (l. 593 à 602)?

69. Pourquoi cette découverte de Socrate ne suffit-elle pas à définir la beauté (l. 618 à 645)?

70. Aux lignes 610 à 612, Socrate dévoile le fait que le mystérieux personnage dont il se faisait le porte-parole n'était en réalité personne d'autre que lui-même. Pourquoi Platon utilise-t-il ce procédé littéraire?

71. Formulez le contenu implicite qu'il y a derrière l'affirmation de Socrate aux lignes 687 à 690.

72. Quel attribut les deux sortes de plaisirs (de la vue et de l'ouïe) doivent-ils avoir (l. 672 à 675)?

73. Expliquez en vos mots le sens du proverbe: «On est ce qu'on peut, pas ce qu'on veut» (l. 714 et 715).

74. La question de Socrate à la ligne 758 est-elle de nature philosophique? Pourquoi?

75. Quelle question philosophique est présupposée dans le dernier paragraphe précédant l'épilogue?

76. La beauté d'une œuvre, dans son ensemble, dépend-elle de l'addition de chacune de ses parties?

77. Quel est le sujet de cette huitième définition?

78. Quel est le sujet de la définition proposée par Hippias vers la fin de cette section (l. 821 à 828)?

79. À quelle propriété la beauté est-elle associée par Socrate dans la huitième définition?

80. Pourquoi cette qualification de la beauté ne suffit-elle pas?

81. Quels sont les concepts clés des sixième, septième et huitième définitions données par Socrate?

82. Quelle est la thèse de Socrate dans la huitième définition? Quel contenu implicite y a-t-il dans l'affirmation de Socrate aux lignes 687 à 690?

83. Dans les lignes 706 à 713, Hippias défend une idée. Énoncez-la. Par la suite, formulez un argument justifiant cette idée.

84. Dans les lignes 749 à 756, Socrate défend l'idée que la beauté de la vue et de l'ouïe existe par le fait que l'une comme l'autre sont belles en vertu d'une même qualité. Quels arguments rendent cette idée convaincante?

85. Relevez la contradiction dans les propos de Socrate aux lignes 784 à 796.

86. « Ton défaut, Socrate, et le défaut de ceux avec qui tu converses d'habitude, est de ne pas voir les choses en leur ensemble : vous détachez la beauté de toute partie du réel pour voir ce que c'est, et vous coupez tout par morceaux dans vos discours. Tout ce qu'il y a de grand et de vaste dans les choses vous échappe. » (l. 704 à 709) Croyez-vous que cette critique d'Hippias pourrait s'appliquer aujourd'hui à certains domaines de connaissance ?

QUESTIONS PORTANT SUR *L'ÉPILOGUE* (l. 830 à 849) OU SUR L'ENSEMBLE DU DIALOGUE

87. Formulez la dernière question de l'épilogue posée par le double de Socrate sous une forme universelle.

88. Quel est le sujet de l'épilogue ?

89. Pourquoi Socrate parle-t-il de l'ignorance à la fin de l'épilogue ?

90. Pourquoi est-il si difficile de définir la beauté ?

91. Trouvez deux exemples qui illustrent l'affirmation suivante de Socrate : « ce n'est pas facile de saisir ce qu'est la beauté ».

Tableaux des définitions

(à compléter)

Complétez les tableaux qui suivent en inscrivant aux endroits appropriés les objections et les arguments manquants.

Notez que les éléments contenus dans la colonne de gauche sont des arguments appartenant à Hippias; ceux contenus dans la colonne de droite sont des arguments de Socrate. *Les arguments, les objections ou les propos peuvent être résumés en quelques mots.*

Toutes les définitions du dialogue sont considérées dans ces tableaux comme des **thèses**.

Sens des abréviations

T:	thèse
A:	argument
O:	objection
impl.:	élément implicite
cons.:	conséquence

Première définition (l. 192 à 258)

HIPPIAS	SOCRATE
T: La beauté, c'est une belle femme.	
A1:	
A2: Dire le contraire risquerait de nous couvrir de ridicule.	
	O1:
	A:
A:	
	O2:
	O3:
O:	
A:	
impl.:	
	O: Une beauté peut être laide comparée à d'autres.
	A:
	cons.:

Deuxième définition (l. 260 à 290)

HIPPIAS	SOCRATE
A1: Il faut être un imbécile pour ne pas savoir cela.	
T: **La beauté c'est:**	
A2:	
A3: Aller à l'encontre d'un tel discours serait ridicule.	
	O:
Concession: l'ivoire donne aussi de la beauté.	
	Question: *La pierre n'a-t-elle pas aussi sa beauté?*
Hippias concède.	
	cons.:

Troisième définition (l. 292 à 334)

HIPPIAS	SOCRATE
T: **La beauté c'est:**	
	O: Il y a des choses qui ne conviennent pas. Par exemple, une cuillère en or pour brasser la soupe.
Concession.	
	cons.:

Quatrième définition (l. 336 à 419)	
HIPPIAS	**SOCRATE**
T: Ce qui convient correspond à:	
AI:	
	OI: Si je dis cela, on va me frapper.
(Réfutation: s'il y a une justice à Athènes, il sera traîné devant les juges et puni.)	
	Puis Socrate recherche le critère de beauté qui embellit les choses.
	O2:
O:	

Cinquième définition (l. 422 à 470)

HIPPIAS	SOCRATE
	T : La beauté c'est quand :
Concession :	
	Question : La beauté fait-elle *paraître* ou *être* beau ?
Réponse :	
	O :
Question : *Comment savoir si les choses n'ont que l'apparence de la beauté ?*	
	Réponse :
	O : Les choses réellement belles ne paraissent pas toujours belles.
	cons. :
Concession.	

Sixième définition (l. 473 à 529)

HIPPIAS	SOCRATE
	T: La beauté c'est:
	A1: Ces choses ou ces êtres sont beaux s'ils nous servent de quelque manière.
	A2:
Exemple:	
	Question: Peut-on réaliser une chose sans que l'on sache comment la produire…?
	cons. 1:
	cons. 2: Même si c'est involontaire, les hommes font plus de mal que de bien.
	Conclusion de cette thèse:

Septième définition (l. 531 à 589)

HIPPIAS	SOCRATE
	T: La beauté c'est:
	A1:
	Ambiguïté de sens: le beau c'est le bien, le bien c'est le beau.
	cons.:

RÉSUMÉ DE LA *HUITIÈME DÉFINITION* (l. 591 à 820)

Comme cette définition est passablement longue et complexe, nous n'en donnons ici que les grandes lignes :

1. La beauté consiste dans le plaisir de l'ouïe et de la vue.

2. Le plaisir qui ne vient ni de l'ouïe ni de la vue n'est donc pas beau.

3. Le plaisir produit par l'ouïe ou par la vue ne vient pas des deux à la fois.

4. Le plaisir de la vue vient de la vue, et le plaisir de l'ouïe vient de l'ouïe ; ces plaisirs sont beaux.

5. Sont-ils beaux ensemble ou séparément ?

6. Si la beauté consiste dans ces plaisirs, tous les plaisirs sont-ils beaux ?

7. Mais les plaisirs de la vue et de l'ouïe sont beaux.

8. Ils ont donc un caractère commun, que chacun d'eux possède finalement par lui-même…

C'est alors qu'Hippias, dégoûté, formule une dernière définition. Pouvez-vous la résumer ?

Dernière définition formulée par Hippias (l. 823 à 827)	
HIPPIAS	**SOCRATE**
T :	

Consigne: Complétez ce tableau. Dans les colonnes «Argument» et «Objection», limitez-vous à un seul élément pour chaque définition.

	Tableau synthétique des définitions de la beauté dans le Grand Hippias			
Déf.	**Thèse**	**Argument**	**Objection**	**Conclusion**
1	Belle femme.			La beauté est relative.
2		Il faut être un imbécile pour ne pas savoir cela.		
3			La cuillère en or ne convient pas.	
4			Si je dis cela on va me frapper.	
5	Quand il y a de la convenance.			
6				La capacité peut produire le mal.
7				Le beau n'est pas bien et le bien n'est pas beau!
8	Plaisir de la vue et de l'ouïe.		Tous les plaisirs ne sont pas beaux.	

Glossaire

Aporétique: Du grec *aporia* (littéralement, *absence de passage ou de moyen, problème, difficulté*). Un discours est aporétique lorsqu'il conduit un interlocuteur à découvrir une difficulté (aporie) résultant de la présence de deux opinions contraires et également raisonnées à propos d'une même question.

Art: Du grec *tekhnè*. Ensemble de moyens, de procédés qui tendent à produire quelque chose pour une certaine fin. Pour Platon comme pour les anciens Grecs en général, l'art est l'équivalent des productions techniques. En ce sens, l'*art* — en tant qu'artifice — s'oppose à ce qui est *naturel*. Ces productions, dites artificielles, désignent les savoir-faire (mais non les connaissances théoriques), les règles d'action et les méthodes des artisans et des personnes savantes visant à la création de quelque chose. Par exemple, la médecine est l'art qui produit la santé.

Beau (le), les belles choses: Du grec *to kalon, ta kala*. L'usage habituel veut que ce terme et ses occurrences principales (ce qu'est le beau, ce qui est beau, la beauté) désignent la qualité sensorielle d'une chose en vue de son appréciation. Pour Platon, le Beau est une Idée pure, parallèle au Bien et au Vrai; il constitue une passerelle entre le monde sensible, imparfait et incohérent, et le monde intelligible, harmonieux et parfait. La reconnaissance de la beauté et des belles choses dans le monde concret permet déjà de s'arracher au caractère restreint de la condition matérielle de l'homme et de s'élever petit à petit vers le monde des Idées.

Convenable (le) (la convenance): Du grec *prepon, to prepon*. L'une des définitions de la beauté selon Socrate. La convenance réduit les choses à paraître belles. La convenance ne peut être assimilée à la qualité d'une chose; elle est plutôt une proportion, une propriété des choses. On trouve ainsi l'idée que la beauté d'une chose consiste moins dans l'addition de parties aussi belles que possible que dans l'ajustement de chaque partie à sa fonction. C'est le *convenable* qui fait que le sculpteur Phidias emploie l'ivoire plutôt que l'or pour les yeux de la déesse Athéna Parthénos.

Dialogue: Genre littéraire d'origine grecque dans lequel les personnages confrontent leurs idées sur un thème unique, mais qui admet les digressions et les incohérences d'une conversation normale. Le dialogue socratique présente une forme de discours qui vise la recherche et l'atteinte des véritables conditions du discours, à savoir un échange *ouvert*, une quête patiente du vrai et des critères d'accès au vrai.

Idéalisme: Au sens large, courant philosophique qui cherche à expliquer la réalité par un ensemble d'idées, auxquelles on accorde une plus grande importance que la réalité qu'elles représentent. Dans un sens plus particulier, l'*idéalisme platonicien* renvoie à la théorie des Idées de Platon, selon laquelle les Idées ont une réalité authentique indépendante de notre esprit.

Idées (théorie des): Pour Platon, la connaissance, à son point le plus élevé, porte sur des êtres purement intelligibles — les «Idées» (le Beau, le Bien, le Juste, le Vrai) — qui existent de façon séparée du monde sensible et dont les choses sensibles ne sont que des reflets. Ces Idées ne sont connues que par la pensée pure, détachée de tout contact avec la sensation. Au sens moderne, une idée est une représentation mentale d'une chose ou d'une réalité abstraite. Platon faisait de la représentation abstraite la réalité par excellence. L'Idée platonicienne est décrite comme un aspect qui s'offre à la contemplation de notre esprit de façon durable, qui fait voir ce qu'est la chose, par exemple la *beauté* d'une fleur, d'une femme.

Ironie (socratique): Étymologiquement, *«action d'interroger en feignant l'ignorance»*. Il s'agit d'une figure de rhétorique par laquelle on se moque de quelqu'un ou de quelque chose en disant le contraire de ce qu'on veut faire entendre. C'est aussi une attitude psychologique par laquelle on cherche à paraître inférieur à ce qu'on est. On reconnaît là la manière de philosopher propre à Socrate qui, en se présentant lui-même comme un ignorant, feignait d'adopter le point de vue de l'adversaire. En jouant le rôle de celui qui ne sait rien, Socrate prenait plaisir à user de cette dissimulation pour prendre le rôle de l'interrogateur. Ainsi, sans tromper volontairement son interlocuteur, il montrait qu'il ne possédait pas toutes les réponses.

Rhétorique: Du grec *tekhnè rhetorikè*. Pratique qui se distingue de la simple conversation en raison de l'établissement d'une procédure qui dépend de la codification de règles établies visant à produire un effet attendu sur les auditeurs.

Sagesse: Du grec *sophia*. À l'origine, la *sophia* désignait l'habileté manuelle dans l'exercice des arts manuels, puis dans la pratique des arts musicaux. Peu à peu, le mot en est venu à désigner le savoir. Chez Platon, la sagesse consiste dans l'évaluation critique des opinions permettant d'accéder à la connaissance vraie. La sagesse s'accompagne toujours de *sôphrosunè*, c'est-à-dire de retenue, de maîtrise et de contrôle de soi. Ainsi, la connaissance la plus élevée, celle du bien en opposition à celle du mal, gouverne tous les autres savoirs.

Sophistes: Le terme *sophistès* est le nom donné à plusieurs personnages de l'Antiquité grecque qui, au Ve siècle av. J.-C., ont secoué les consciences par leur remise en question des opinions communes. Ils ont traité de tous les sujets et perfectionné l'art de la parole, la rhétorique. Les sophistes se démarquaient par leur capacité d'analyser les problèmes au moyen de procédés codifiés visant la persuasion de n'importe quel auditoitre; ils ont été aussi les premiers à demander une rémunération pour ce genre de services. Certains historiens dénombrent jusqu'à vingt-six sophistes. Les plus connus sont Protagoras, Gorgias, Hippias, Prodicos, Trasymaque, Euthydème et Dionysodore.

Universaux: Idées ou «termes généraux» applicables à tous les individus d'un genre ou d'une espèce. Le terme désigne proprement les cinq différentes manières dont un prédicat convient au sujet: l'espèce, le genre, la différence spécifique, le propre et l'accident. Par exemple: «*François est un homme* (espèce), *c'est-à-dire un animal* (genre) *raisonnable* (différence spécifique), *capable de parler* (propre) *et qui effectivement parle à cet instant* (accident).»

Utile, l'utile : Du grec, *chresimos, to chresimon.* Définir la beauté comme relevant de l'utile, c'est admettre que la chose belle convient, en réalité et non en apparence, à la fin à laquelle elle est destinée. En dernière analyse, définir le beau comme l'utile renvoie à la science (connaissance) de ce à quoi il est utile. Ainsi, le fabricant de lyres possède sans doute le savoir nécessaire à leur fabrication, mais ce savoir est dérivé de celui du joueur de lyre, qui sait quel effet doit être produit par l'instrument. Ce type de savoir convient à Hippias dans le *Grand Hippias,* puisqu'il recherche le gain qu'il peut en tirer : l'argent, les honneurs, la puissance politique.

Vérité : Du grec *alèthéia,* qui signifie littéralement «être non caché, être non voilé». Les Grecs étaient assoiffés de vérité, si on entend par ce concept la mise au jour de tout, la suppression de tout ce qui est caché. La vérité peut désigner l'adéquation de la pensée et de la parole à la réalité ; on parle alors de la *vérité matérielle.* Elle peut désigner aussi la cohérence interne de la pensée ; il s'agit alors de la *vérité formelle.* Pour Platon, la *Vérité* compte, avec l'Idée de *Beauté* et l'Idée de *Bien,* parmi les valeurs supérieures. Dans le *Grand Hippias,* la vérité n'est pas un objet de discussion, sauf si on l'assimile à la recherche de «la beauté en soi», c'est-à-dire à la recherche de l'essence de la beauté, qui consiste à savoir dévoiler sous les apparences multiples de la beauté ce qui demeure le même.

Bibliographie

BAILLY, *Abrégé du dictionnaire grec-français,* Paris, Hachette, 1901.

COUSIN, Victor, *Œuvres de Platon,* tome 4, Paris, Bossange Frères Libraires, 1827.

CROISET, Alfred, *Hippias majeur — Lachès — Lysis — Charmide,* Paris, Société d'édition Les Belles Lettres, 1921.

HOWATSON, M. C. (dir.), *Dictionnaire de l'Antiquité* (de l'Université d'Oxford), Paris, Robert Laffont, coll. «Bouquins», 1993.

JUNG, Joël, *Hippias majeur* (Platon), Paris, Bertrand-Lacoste, 1995.

LACOSTE, Jean, *Hippias majeur,* Paris, Hatier, coll. «Profil», 1985.

LALANDE, André, *Vocabulaire technique et critique de la philosophie,* Paris, P.U.F., 1996.

WOODRUFF, Paul, *Hippias major,* Indianapolis, 1982.